鬼谷子

中国史上最強の策謀術

高橋健太郎

草思社文庫

はじめに——『鬼谷子《きこくし》』、ここに解禁

本書では、『鬼谷子』という二千数百年前に書かれた中国の古典を扱っています。『鬼谷子』は、中国戦国時代に各国の王を弁舌で動かしてきた「縦横家《しょうおうか》」と言われる遊説家たちの、命がけの言葉の技術と理論が書かれた唯一の古典です。

なぜ『鬼谷子』は知られてこなかったか？

とは言っても、この本を手にとってくださった皆さんのほとんどは、『鬼谷子』などという本は、見たことも聞いたこともないでしょう。

日本では、今でも様々な中国古典が愛読されています。

儒教の開祖・孔子の言行録である『論語』、今でも人気の兵法書『孫子』、「無為《むい》自然」の教えを説いたタオイズムのバイブル『老子』、英雄たちの活躍を描いた歴史書である『史記』や『三国志』などなど。

しかし、それに比べ、この『鬼谷子』は圧倒的に無名です。それもそのはず。日本では、研究論文を別にすれば、その内容を紹介した書籍が数冊あるだけで、戦後、翻訳自体、単行本として出版されたことがないのです。

それには、様々な理由があるでしょうが、主には、次の二つが挙げられます。

一つは、一般に好まれる中国思想のイメージから言えば、「異端的」な書であること。

そして、二つ目として、内容が抽象的かつ難解で、一般向きではないと誤解されてきたこと。

絶対安全圏から自分より強い人間を動かす技術

まず、一つ目の理由ですが、たしかに『鬼谷子』は、ある面から見れば「異端的」な書かもしれません。

この本の歴史的な出自に関しては本論冒頭で扱いますが、著者とされる鬼谷子は、本名を王詡《おうく》と言い、今の河南省にある雲夢山《うんぼうさん》に住んでいた古《いにしえ》の賢人です。中国では、始皇帝に生き返りの霊薬を教え、「孫子」こと孫臏《そんぴん》に兵法を授けた人物としても知られています。しかし、これらの経歴は、本名を含め、すべて言い伝えや物語・伝説の類の話。本当かどうかは分かりません。本名からして、王蟬《おうぜん》説、劉務滋《りゅうむじ》説などさまざまあります。

つまり、『鬼谷子』という書は、著者からして、神秘のベールの向こうにあるのです。

そして、そこで書かれているテーマは、言葉を駆使し、他人を動かす技術。もっと言えば、王という自分より強い立場の人間を、自らの身を守りつつ言葉で動かす「策謀」の技術です。

これから本書を読み進めていただければ分かりますが、その内容は恐ろしく実践的。それだけに、中国古典と言えば、円満な道徳や穏当な人生訓をイメージしがちな日本人には、今まで注目されなかったのかもしれません。ここで展開されているのは、道徳すら武器として利用する善悪や美醜を超越した教えだからです。

しかし、本来であれば、だからこそ現実に立ち向かう武器として、この「異端的」古典に触れておくことも必要だったのではないでしょうか？

『鬼谷子』は難しくない

次に、『鬼谷子』が注目されてこなかった二つ目の理由ですが、たしかに『鬼谷子』の文章はそれ単体で読んだときに、難解に見えます。「捭闔《はいこう》」「内揵《ないけん》」「飛箝《ひかん》」「抵巇《しぎ》」といった章の名前だけでも、『鬼谷子』を読まなければ、一生お目にかからないような漢語ですし、文章自体もかえって意味を取りにくいところが多いのも事実。

そのせいか、一部で「言葉の技術について書かれている」とは知られていても、じゃあ実際にどんな弁論術、言葉の技術が書かれているか、という段になるとあやふやになってきたのです。

しかし、今ではこうした古典についての研究も進んでいますし、それを踏まえ、また「言葉の技術について書かれている」という当たり前の意識を中心にすえて読んでいけば、意外なほどすっきりと明快に内容が浮かび上がってきます。

そして、そうした内容を紹介することこそ、本書の意図なのです。

『鬼谷子』の技術、本邦初公開

本書は、『鬼谷子』を純粋に「言葉の技術書」として紹介する、おそらく本邦初の本です。したがって、ここに書かれた技術もまた、本邦初公開のメソッドであると言って差し支えないでしょう。

現在では、コミュニケーションに関する本、弁論術に関する本は多数出ています。しかし、これから本書で見ていく、陰陽の原理に従い、身を守り、強者を動かす『鬼谷子』の策謀の技術は、おそらく今までにないもの。大いに刺激的だと思います。

では、前置きはこれくらいにして、そろそろ本論に入ることとしましょう。まずは、『鬼谷子』とはどういう本なのか、からです。

＊本書では、『鬼谷子』本文について、中華書局の新編諸子集成続編『鬼谷子集校集注』（許富宏 撰）を底本とします。
また、引用される『史記』の記事については、文史哲出版社『史記會注考證』（瀧川亀太郎 著）に基づくこととし、適宜、岩波文庫『史記列伝（一）』（小川環樹 今鷹真 福島吉彦 訳）を参考にさせていただきました。

なお、原文を引用する場合、読みやすさを考慮し、旧字体を新字体に直してあります。あわせてご承知おきください。

鬼谷子❖目次

2章　「象比《しょうひ》」と「飛箝《ひかん》」——相手の本心をえぐり出す技術

3章　「内揵《ないけん》」――「つながり」を利用し心の内側から説得する

4章　「揣摩《しま》」――感情の「割り符」で人を動かす技術

5章 「忤《ご》合《ごう》」と「抵《し》巇《ぎ》」——一〇〇%安全をはかる身の処し方、去就の操り方

6章 対話の本質はなにか？――最も危険な罠にはまらないために

7章 「本《ほん》経《きょう》陰《いん》符《ぷ》七術」──言葉のやりとりは気の戦いである

0章　『鬼谷子』とはなにか？

0-1 「孫子の兵法」は日常を救わない

まずは『鬼谷子』という本の内容を考えるために、他の古典を参照してみようと思います。

日本において、最も有名な中国古典の一つとして、兵法を説いた『孫子』が挙げられるかもしれません。

今でも、孫武《そんぶ》と孫臏《そんぴん》という二人の「孫子」と言われる思想家の兵法からは、無数の教えを引き出すことができますし、彼らの著書にはそれに堪え得る深さがあります。

しかし、考えようによっては、彼らの教えは所詮戦場のものであり、戦争という政治的手段に特化した教えにすぎないとも言えるのです。

兵法が孫臏になにをもたらしたか？

『鬼谷子』が書かれたとされる時代を生きた、「孫子の兵法」創始者の一人・孫臏の事績を考えてみましょう。彼の兵法は、彼の人生になにをもたらしたのか。

孫臏は、孫武の子孫です。

彼の事績は、ともに兵法を学んだ龐涓《ほうけん》という人物に才能をねたまれ、無実の罪をでっち上げられた末に、両脚切断の刑に処せられるところから始まります。

彼は、その後、兵法の才能を認められ、斉《せい》の威王に仕え、軍師として龐涓が将軍を務める魏《ぎ》の軍と戦うことになります。

そのときのエピソードは有名です。

孫臏は、龐涓の率いる軍が夕暮れ時に馬陵という山の谷間となる土地にやってくると予測し、軍勢を引きつれて先廻りします。

馬陵に到着した彼は、そこに生えた一本の大木を切り倒し、削ってなにやら字を書くと、両側の山に潜ませた兵たちに、「日が暮れて、下に火が見えたら一斉に矢を放て」と指示を出しました。

夕暮れ時、馬陵に進軍してきた龐涓は、道をふさぐように倒れた木を見つけます。なにやら字が書かれているので、それを読もうとたいまつをつけると、その瞬間、両側の山から矢が降り注ぎ、龐涓たちの軍はたちまち壊滅。

倒れた木には「龐涓、この木のもとで死す」と書かれていたのです。

見事な話です。こうして孫臏は戦場において龐涓への恨みを晴らしたわけです。しかし、実はこの事績を記した『史記』の作者・司馬遷は、孫臏について高くは評価せず、以下のように言っています。

「孫子が龐涓を計略におとしいれたのは明察だった。だが、彼は刑を受けるにあたっては、自分を救うことができなかったのだ」（『史記』孫子・呉起列伝第五）

兵法というのは、所詮は戦争という非常時における職人的な知識です。

そこから教訓は引き出せるにせよ、基本的には日常における人の心の動きや、状況の変化についての視野はありません。

だからこそ、孫臏は戦争において龐涓には勝てても、日常においてはたやすく罪におとしいれられ、両脚を切られたわけです。

日常でこそ役に立つ『鬼谷子』の教え

「はじめに」にも書いたように、後世の言い伝えなどにおいては、孫臏も龐涓もともに鬼谷子の弟子とされています。

だとすれば、刑を受け脚を切られた孫臏は、兵法において龐涓に勝っても、鬼谷子の教えを会得する上においては彼より劣っていたことになります。鬼谷子の教えとは、日常において言葉を支配し、自分の身を守り、他人を動かす技術だからです。仮に孫臏が鬼谷子の教えに忠実であったなら、周囲を説得し、刑からも身を守ることができたはずです。

『鬼谷子』という書には言葉の理論、心の理論、そして具体的な技術があります。

いわば、「言葉のやりとり」という、将軍ならぬ我々にとっての真の戦場について書かれた「言葉と心の兵法書」なのです。

0-2 なぜ『鬼谷子』は恐れられたのか

では、『鬼谷子』とはいったいどういう本なのか?

その著者とされる鬼谷子とは、誰なのか?

まずは、日本では、ほとんど知られていない書である以上、そこから書いていかなければいけないでしょう。『鬼谷子』について知るには、この書物が出現した二千数百年前の中国の戦国時代の状況から始める必要があります。

弟子は中国戦国時代の英雄、蘇秦と張儀

日本にも戦国時代と呼ばれる時代がありますが、中国の戦国時代はそれよりはるか昔。紀元前五世紀の終わり頃から、秦《しん》の始皇帝が中国全土を統一する紀元前二二一年までの時代を言います。

このとき、中国は「戦国七雄」と呼ばれる七つの有力な国に分かれ争っていました。世界史の授業かなにかで習ったかもしれませんが、燕《えん》・趙《ちょう》・斉・魏・韓・秦・楚《そ》という国々です。こうした争いの中、様々な人物が諸国を回り、自分の政策や思想を取り上げてもらおうと有力者に弁舌をふるっていました。

こうした人々を「縦横家《しょうおうか》」と言います。

そして、その中でも歴史上に際立った足跡を残したのが、鬼谷子の弟子である蘇秦《そしん》と張儀《ちょうぎ》という二人の人物なのです。

戦国の縦横家たちのリアリズムと叡智が結実した書

蘇秦と張儀は、その弁舌で、戦国時代の天下を自由自在に動かしたことで知られています。

ただし、彼らの師である鬼谷子自身については、記録上、彼らに弁舌の技術を授けたということ以外は、まったく分かっていません。

なので、そうした人物の実在自体や『鬼谷子』という著書の出自についても謎が多いのが現状です。

後世の研究では、『鬼谷子』という書の正体について、鬼谷子の教えを蘇秦がまとめたものだという説、あるいは、今は失われている『蘇子』という蘇秦の著書が『鬼谷子』という名前になったという説、蘇秦の著書と張儀の著書が合わさって『鬼谷子』になったという説などがあるようです。

ただし、いずれにせよ、（ここが重要なところですが）『鬼谷子』という書物には、蘇秦や張儀といった戦国の縦横家たちが乱世でふるった実際の言葉の操り方の精髄がおさめられていることは間違いないのです。

また、『鬼谷子』にある言葉の技術が、歴史上に猛威をふるったことも、『史記』などにある蘇秦や張儀の記録にも明らかだと言っていいでしょう。

彼らの事績を記した司馬遷は、その結論として、

「要は、この二人は危険極まる男たちだったのだ（之を要するに、此の両人は真に傾危之士かな）」（『史記』張儀列伝第十）

とまで書いているのです。

では、なぜ彼らのふるった『鬼谷子』流の弁論術は、そこまで恐れられたのか。この二人の事績を見てみましょう。『鬼谷子』という書の持つ威力が分かると思います。

戦国時代の中国（前４世紀末）

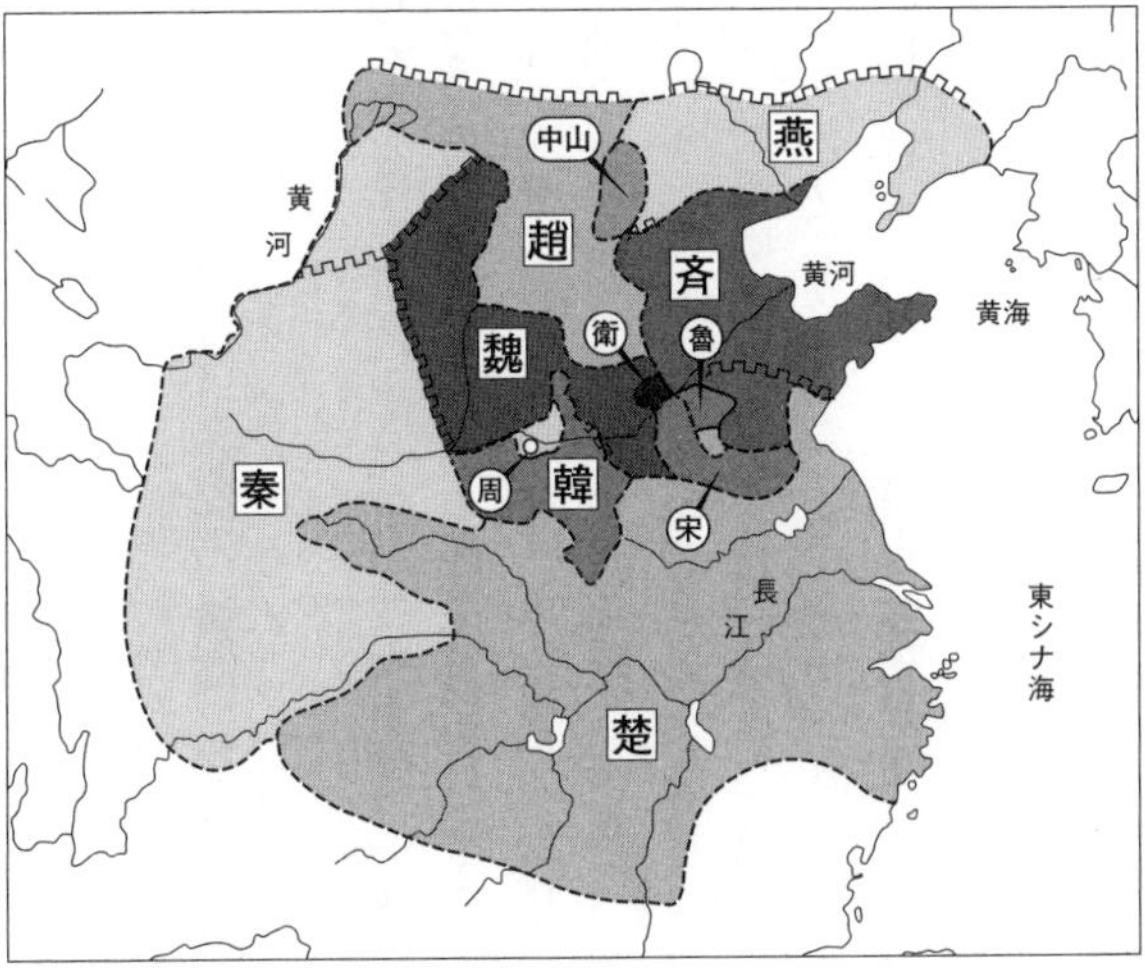

戦国七雄

0-3

蘇秦
――大国・秦を弁舌だけで窮地に追い込んだ男

蘇秦の事績は、彼が鬼谷子について弁舌の技術を学び、諸国を遊説して回ったあと、すっかり貧乏になって郷里に帰ってくるところから始まります。

彼は妻や親戚一同に、馬鹿者扱いされますが、彼はその後も家にこもって、『周書《しゅうじょ》陰符《いんぷ》』という書物を読みふけり、弁舌をさらに独学。一年後、後世他人の心を操る神秘的な技術として知られる「揣摩《しま》」の術を完全に身につけます。

彼が独学したという『周書陰符』という書物については、詳しく分かっていませんが、一説には、太公望という、鬼谷子よりさらに古い時代の英雄に仮託して作られた心理学の書で、その内容は『鬼谷子』の中の「本経陰符《ほんきょういんぷ》七術」という章と同じものであるとも言われています。

強国・秦を弁舌で封殺

彼は独学を終えると、諸国の王たちに「合従策《がっしょうさく》」と言われる自らの策を説いて回ります。

「合従策」とは、当時の最強国・秦に天下を併呑《へいどん》されないために、残りの六国が手を結んで対抗するという策。

彼は、はじめに燕に行って王を説き伏せて以降、六国の王を次々と説得し、ついには合従同盟を成立させて自らその同盟の長となり、秦をその後十五年間出兵できない状況に追いやって封殺します。

この合従策が完成した瞬間こそ、強大な秦が最も危機に瀕したときだったと言っても過言ではないでしょう。

蘇秦はその弁舌だけで地位を極め、一つの国を追い詰めてしまったわけです。

彼が身につけた「揣摩」の術は、まさに人を言葉で動かす『鬼谷子』の一つの根幹をなす術です。これについては、4章で解説することにしましょう。

0-4 張儀

――合従策を破り中国統一のレールを敷いた男

張儀は、蘇秦とともに学んだ鬼谷子のもう一人の弟子。

彼は蘇秦に輪をかけて優秀な弁舌の使い手で、蘇秦もまた張儀にはかなわないと考えていました。

とはいっても、彼の事績もまた、蘇秦同様、諸侯に遊説している最中に、盗みの嫌疑をかけられ、笞《むち》打ちに処せられたのちに、故郷に帰るところから始まります。

『史記』にはそんな彼を妻がたしなめた際の、以下のようなエピソードがあります。


彼の妻は「まあ。おまえさん、本を読んだり遊説なんかおよしなさい。こんな恥ずかしい目にあわなくてすむじゃありませんの」と言った。

張儀は妻に向かって言う。「おれの舌をよく見ろ。まだあるか」。妻が笑って「舌はありますよ」と答える。すると、張儀はこう言った。

「それで十分さ」。（『史記』張儀列伝第十）

彼もまた、蘇秦と同様に自分の生きる道が「弁舌《べんぜつ》」にあると思い定め、それに精神力を集中していたのです（こうした心の持ちようを『鬼谷子』では「実意《じつい》」と言い、縦横家に必要な「気」のコントロールの一環なのですが、それについては7章で触れます）。

とはいっても、彼は欲のない男で、蘇秦が各国の王を合従策のために説き伏せている間も、うだつの上がらないまま。

それを見かねた蘇秦が、友情から彼に「揣摩《しま》」の術を使い、わざと怒らせることで合従同盟の敵である秦に仕官させます（詳しくは4章参照）。蘇秦には、張儀を秦の政治に食い込ませることで、合従策を破らせないようにする狙いもありました。

張儀もまた、秦に仕官したのちに蘇秦が自分を怒らせたのが彼の友情からだったこと、そして、蘇秦の狙いが秦に合従同盟を破らせないことだと悟り、蘇秦の生きている間は合従策を破るようなことはしないと誓います。

天下の英雄・張儀

その後、張儀は秦の家臣として合従同盟の六国と戦うことになりますが、蘇秦が死んだと聞くと、いよいよ自分の策を実行します。

それが「連衡策《れんこうさく》」です。

連衡策とは、六国それぞれと秦が同盟を結ぶことで、六国お互いを疑心暗鬼にさせ、つながりを断つという策。

張儀もまた、蘇秦同様『鬼谷子』流の弁論術で早速各国の王を次々と説き伏せて秦と和睦させ、ついに合従同盟を瓦解《がかい》させます（ちなみにこの時代の遊説家を「縦横家」と言うのも、蘇秦や張儀のように弁舌一つで各国を「縦」につないだり、「横」につないだりと自由自在に同盟させ、あるいはつながりを断ったりしたからです）。

この連衡策の完成は、この後の秦の始皇帝による中国統一へのレールを敷いたとも言えるものでした。

ここに至って、彼もまた天下の英雄となったのです。

こうした張儀について、孔子に次いで重視される戦国時代の儒家・孟子の言葉を記録した『孟子』には、景春という人物の次のような発言がおさめられています。ちなみに、冒頭の公孫衍《こうそんえん》は秦の政治の中で張儀と敵対していた縦横家です。

公孫衍や張儀こそ正真正銘の英雄ではないか？　彼らがひとたび怒れば諸侯はみな恐れをなし、静かにしていれば天下もまた平穏になるという有様なのだから。
（『孟子』滕文公《とうぶんこう》章句下）

当時の人々もまた、弁舌一つで天下を動かした張儀を恐るべき人物として見ていたことが分かります。

0-5 『鬼谷子』の本領

――絶対安全圏から他人を動かす技術

このように蘇秦と張儀を天下の英雄にまで押し上げた『鬼谷子』流弁論術ですが、それにも関わらず、後世学んではいけない禁断の学問とされました。

それはなぜか？

それは、蘇秦の最期が大きく関係しています。

蘇秦は合従策の成立後、先の『孟子』にも出てきた公孫衍の策で、斉と魏の連合軍と趙との間の同盟内戦争を起こされてしまいます。そのせいで合従策にほころびが見えると、彼は責任を追及されることを恐れ、身を寄せていた趙を去り、燕の国に移ります。

そこで、軽率にも燕の国の王の母と密通。それをとがめられるのではないかと疑心暗鬼になった結果、今度は斉の国に亡命し、客分の大臣として迎え入れられます。

蘇秦は斉でも王に弁舌をふるいますが、それは律儀にも元いた燕を思いひそかに斉の国力をそぐためでした。しかし、客分の身で王と親しく話すその姿をこころよく思わない他の家臣に、スパイの罪を着せられて（実際ある意味スパイだったのですが）、暗殺されてしまうのです。

そして、こうした最期を受けて、司馬遷は蘇秦の用いた『鬼谷子』流の弁論術について、

「蘇秦はスパイの罪を受けて死んだ。天下の人々はこれをひとしくあざ笑い、彼の使っていた術を学ぶことを忌み嫌うようになった」（『史記』蘇秦列伝第九）

と記しているのです。

『鬼谷子』の本領とは？

しかし、実際に『鬼谷子』の内容を見てみれば分かりますが、彼がこのような最期を迎えたのは、『鬼谷子』の教えを学んだせいだというよりも、むしろその教えを守らなかったことに原因があるのです。

例えば、王の母と密通するなど、『鬼谷子』が説く、謀《はかりごと》を危うくする「ひび」（5－4参照）を自ら入れているようなものですし、斉で客分の身でありながら他の

家臣と王の寵愛を競うような状態になったこと自体、「其《そ》の身、外《そと》にして、其《そ》の言、深きものは危し（外の身分で、内部に深く関わるようなことを言うのは危ない）」（謀篇第十）という教えに反しているのです。

そもそも『鬼谷子』では、周りの人間の内面をはかり、危ないところからは去り、無理なことはしない、ということを絶対条件としています。言葉で人を動かしながらも、いかに自分は安全なところに身を置くのか、ということに『鬼谷子』の技術の本領はあるのです。

その証拠に、蘇秦と同じように『鬼谷子』流の弁論術を学んだ蘇代、蘇厲《それい》という蘇秦の弟たちは、各地で弁舌をふるいながらも無事に天寿を全うしていますし、張儀は蘇秦と同じような窮地に陥っても、周りへの観察眼と弁舌を武器に、巧みにその場から逃げ去っています。

とくに張儀についてはその方法が見事なので、以下に紹介しましょう。これこそが、『鬼谷子』の技術です。

張儀の驚異の自己防衛策

連衡策を完成させ、秦において絶頂を極めた張儀の立場も、それまで仕えていた王が死に代替わりをすると、悪く言う人々も増え危うくなりました。

そうした雰囲気の変化を感じとった彼は、速やかに一計を案じ、新しい秦の王に、ある策を進言します。

その策とは、隣国である魏の王の元に張儀自身を潜り込ませることで、過去のいきさつから張儀を憎む斉の王に魏を攻めさせ、秦はその背後をついて韓に出兵し、領土や宝物を手に入れる、というもの。

そして、実際、張儀がこの策を許されて、魏に入ると、もくろみ通り斉は攻めてきます。

すると今度は、張儀は恐れをなす魏王に向かって「斉の兵を引き揚げさせましょう」と言い、攻めてきた斉王の元に使者をやって「これは張儀が秦のために斉に魏を攻めさせようとした策である」と言わせます。その結果、斉王は張儀の策にはまるのを嫌って兵を引いたのです。

実際に兵が引き揚げたのを知って、魏王は張儀を宰相とし、張儀はそのまま魏で死んだと言います。

どうでしょうか？　誰に対してもウソをついていないのに、いつのまにか自分の身だけは危険な秦から逃れているという恐るべき策です。

そして、この策を支えたものこそ、「自分の身を守りつつ、他人を言葉で動かす技術」である『鬼谷子』にある思想や技術なのです。

0-6 『鬼谷子』にはなにが書いてあるのか？

では、実際に蘇秦や張儀がそこに書かれたことに則って天下を動かした『鬼谷子』という書物には、いったいどんなことが書かれているのか？

ここで本書で扱う順番に従って、『鬼谷子』の内容の簡単なスケッチをしておきましょう。

1 「開閉」と「陰陽」

1章では、『鬼谷子』における基礎的な概念である「開閉」と「陰陽」を扱います。

「開閉」という言葉は『鬼谷子』において特別な意味があります。「開」とは口を開くこと、転じて、話すことであり、「閉」とは口を閉じること、転じて黙ること。この「開」（話す）と「閉」（黙る）のそれぞれの作用を熟知することが、『鬼谷子』の技術の基本です。

そして、「陰陽」。

「陰陽」は『鬼谷子』におけるものの考え方、見方すべてのベースにあるものです。「陰」と「陽」に従って、周りの状況や人を見、そして言葉を操るのが『鬼谷子』の言葉の技術なのです。

2「象比」と「飛箝」

2章では、相手の内面を探る「象比《しょうひ》」の術と「飛箝《ひかん》」の術を扱います。

『鬼谷子』では、相手を言葉で動かすためには、相手の「事《こと》」というものを探るところから始めます。『鬼谷子』の術は、相手が確実に動かせることを確認してから、実際に動かすという、なによりも確実性を重視する技術なのです。

3「内揵」

3章では、相手を動かすために説得する方法を扱います。

その際に重視されるのが、陰陽で相手を見ること、そして相手との間に「内揵《ないけん》」があることです。「内揵」とは相手との心の結びつきのことで、これが先になければ相手を説得するのは難しいのです。

4「揣摩」

4章では、相手を動かすために感情を利用する方法を説きます。

それが蘇秦も身につけたという「揣摩《しま》」の術です。「揣摩」の術は相手の内面や状況をはかる「揣《し》」の段階と、実際に相手を動かす「摩」の段階に分かれますが、本書ではそれぞれについて、『鬼谷子』の説明に従って実践的に取り上げていきます。

5 「忤合」「抵巇」

5章では、自らの安全な身の処し方のために必要な「忤合《ごごう》」の原理と「抵巇《しぎ》」の術というものを紹介します。

「忤合」の原理とは、自分がどう動くと誰が敵になるのか、味方になるのかを考える原理のこと。

「抵巇」の術とは身に迫る危険をいち早く察知する技術です。この章では、相手から安全に去るための「内外」を操る話し方についても取り上げます。

6 「権」

6章では、『鬼谷子』の中の会話を分析した章である「権篇《けんぺん》」を取り上げます。

ここでは人との会話がどういうものか、どういう言葉に危険が潜むのか、どういう応対が話を盛り上げるのか、などを見ていきます。

7「本経陰符七術」

最後の7章では、言葉のやりとりの中での心と気の理論を説いた「本経《ほんきょう》陰符《いんぷ》七術」という章を扱います。ここでは、言葉のやりとりを「気の戦い」ととらえ、自分の心気を相手の心気に圧倒させるための心得を見ていきます。

では、ここまで確認したところで、そろそろ『鬼谷子』の技術を見ていきましょう。まずは、「開閉」と「陰陽」についてです。

1章　『鬼谷子』の基本

――言葉を支配する者がすべてを支配する

1-1 口は「存在と滅びの門」

本章では、『鬼谷子』の技術を理解するための基本知識について扱っていきます。

まず、言葉で人を動かす技術の書である『鬼谷子』が、そもそも人との会話というものを、どのように考えているのか、を見ていきましょう。

これから見ていく考え方は、すべての『鬼谷子』の技術のベースにあるものです。

「聖人」になれ

『鬼谷子』では、言葉を操り人を動かしたければ「聖人」のようになれ、と説きます。

「聖人」とはなにか？

『鬼谷子』の言う聖人とは、キリストや釈迦《しゃか》のような神秘的な聖人とは少し違います。そうした側面もないことはないのですが、それよりはむしろもっと実際の生活において人を導き、歴史を正しい方向に動かしていくような、古《いにしえ》の聖王のような人物がイメージされています。

次は『鬼谷子』の冒頭にある「聖人」について記した一節です。

これは、『鬼谷子』のすべてを含んでいるとも言える重要な箇所です。少し難解ですが、それだけに深い内容を含んでいるので引用しましょう。

いにしえのことを考えてみるに、聖人が天地の間にいるのは、大衆を導くためであった。

聖人は、自然の摂理である「陰陽」の「開閉」を観察し、そこから生まれる物事一つ一つに名前をつけることで、物事を存在させまた亡《ほろ》ぼす、その原因が出たり止まったりする「存在と滅びの門」を認識した。

そして、物事の始まりと終わりをはかり、人の心の法則を熟知し、物事における陰陽の移り変わりの変化の兆しを見ることで、その「存在と滅びの門」を支配した。

聖人がこの天下で大衆を導くとき、いにしえから今に至るまで、彼の行動原

理は「存在と滅びの門」を支配すること、ただ一つだった。（捭闔《はいこう》第一）

「そこから生まれる物事一つ一つに名前をつけることで、物事を存在させまた亡ぼす、その原因が出たり止まったりする「存在と滅びの門」を認識した」とありますが、これは物事一つ一つを正確に言葉で表現していくことで、それについて詳細に認識した、という意味です。

つまり、聖人は言葉の使い方を正しくすることで、物事の変化、人の心の変化を認識し、その結果として「存在と滅びの門（存亡之門戸）」を支配したのです。ではこの「存在と滅びの門」とはなんでしょう？

聖人は「口」の開閉を支配する

聖人が支配した「存在と滅びの門」とは、ずばり人間の「口」のことなのです。より具体的に言えば、聖人は、その口という門の開閉を支配することで、言葉を操り大衆を動かし、正しい方向に導いたということです。

たしかに、この口の開閉は、あるものを存在させたり、滅ぼしたりします。

張儀が「連衡策」というものを口を開いて出したからこそ、秦はのちに中国を統一するわけですし、一方では、今でも数多くの政治家や企業経営者が、口を開いて失言を出したがために滅亡しています。仮に張儀が「連衡策」を閉じて出さなければ、秦は滅亡していたでしょうし、逆に今の政治家や企業経営者は口を閉じて失言を出さなければ滅亡をまぬがれるのです。

これが口が「存在と滅びの門」である所以です。

だからこそ、『鬼谷子』は「存在と滅びの門」（口＝言葉）を正しく開閉し、それを支配した古の聖人のようになれというわけです。

1-2 「話す」と「黙る」で働く力のベクトル

言葉を操り他人を動かすには、先ほども書いたように「存在と滅びの門」を支配し、正しい「開閉」について熟知しなければいけません。いつ口を開き言葉を出すのか、どのような言葉を出すのか、そしていつ閉じるのか。

それを知るには、「開」（話す）と「閉」（黙る）、それぞれにどのような性質があるかについて熟知する必要があります。

「開閉」の意味

『鬼谷子』は、口の「開閉」について、次のように説明します（「開閉」という言葉は原文では「開閉」の他にも「開闔《かいこう》」「捭闔《はいこう》」などと様々に表現されますが、同じ意味。要は、開くと閉じるです）。

あるいは口を開いて示し、あるいは口を閉じて閉ざす。お互いに開いて示し合っているというのは、本心の部分で通じ合っているということであり、お互いに閉じて閉ざすというのは、本心の部分を異にしているということである。
（捭闔第一）

このように『鬼谷子』では、お互いに話して自分の考えを示す（開）というのは、それ自体が相手と気持ちを同じくしているということであり、反対に黙る（閉）のはそれを異にしていることだと説きます。

たしかに、我々の経験に照らし合わせても、気の合う人間とは自然とよく話をするようになりますし、そうではない人間とはあまり話をしなくなるのが普通でしょう。だからこそ、我々はよく話をする「開」の関係の二人について、「関係が近い」と感じ、あまり話をしない「閉」の関係の二人を「関係が遠い」と感じるわけです。

これは周りの人間関係の親疎《しんそ》を観察する際の一つの目安になるものだと言えるでしょう。

ただし、この場合の「開」とは、本音や本心、本当のことを話している場合を指します。建前やウソを話すのは、物理的な意味で口を開いていても「閉」ですし、気持ちを同じくしているようでも実は異にしているのです（ちなみに、こうした相手の「閉」の状態を「開」に反転させ、相手に口を開かせる技術が、次章で解説する「象《しょう》比《ひ》」の術と「飛《ひ》箝《かん》」の術です）。

「開」で近づき「閉」で離れる

そして、この『鬼谷子』の教えは、言葉を操る術のためには、逆方向からも解釈する必要があります。

つまり、相手と気持ちを同じくし近づきたければ、口を開き、言葉をやりとりしなければいけないということであり、相手と気持ちが異なり離れたければ、口を閉ざし言葉のやりとりを少なくすればいいということなのです。

「開」と「閉」という行為自体に、すでに人間関係の遠近を左右するそうした力のベクトルが働いています。

そして、このような性質について自覚的になり、「開閉」を使いこなすというのが、『鬼谷子』の基本原則の一つなのです。

1-3
静止状態ではなにも見えない

『鬼谷子』は、何度も書いているように、言葉を操り他人を動かす技術です。したがって、当然、そこには相手との会話というものが登場してきます。『鬼谷子』の技術では、この会話についても独特の考え方をします。

働きかけ(反)とフィードバック(覆)で物事の動きをとらえる

『鬼谷子』では、お互いに口を開いて会話をする「開」の場面について、「反覆《はんぷく》」という概念で考えます。この「反覆」もまた『鬼谷子』を知るための鍵となるものです。「反覆」とは、一言で言えば、こちらがなにかに働きかければ、必ずなにかが返ってくる、という森羅万象に通じる法則です。一種の作用と反作用のようなものと考えればいいでしょう。

この際の働きかけを「反《はん》」と言い、そこから返ってくるものを「覆《ふく》」と言います。『鬼谷子』では、この「反覆」について以下のような説明がなされています。

いにしえの聖人は、自然の摂理に従って柔軟に行動した。「反」して今までを見ることで、その「覆」からこれからについて考えたし、「反」して過去を知ることで、その「覆」から今を知った。「反」して彼を知ることで、その「覆」から己を知ったし、目にした現実の動きが、現在の常識に合わないならば、過去に「反」して考えるようすがを求めた。「事」（自分の抱える課題）の解決のためには、「反」して「覆」を得るというやり方を用いるのが、聖人の姿勢なのだ。これを知っておかなければならない。

（反応《はんのう》第二）

目の前の物事の動きを理解するためには、その目の前のものを眺めているだけでは、いつまでたっても埒《らち》などあかないのです。何事も、働きかけ（反）とフィードバック（覆）の回転の中で明らかになっていきます。

文にあるように、目の前の出来事について知りたければ、過去をひもといていくこ

反覆とは？

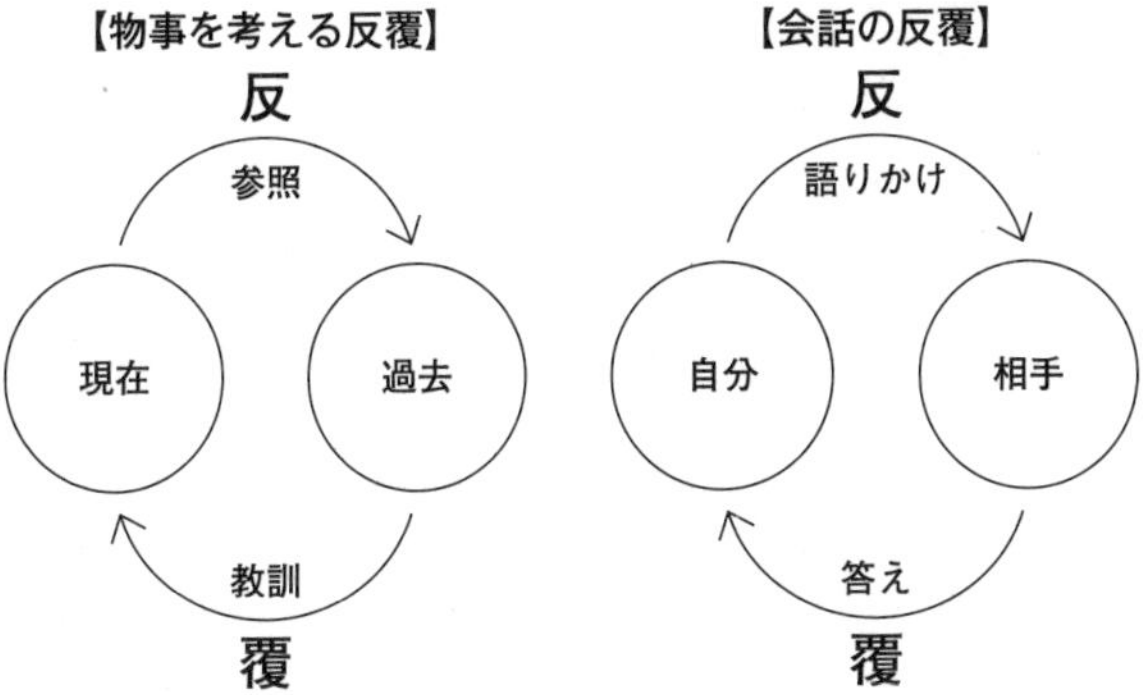

とで（反）、そこから教訓やヒントを得る（覆）。自分について知りたければ、「人のふり見て我がふり直せ」ではありませんが、他人の姿をつぶさに観察することで（反）、自分の姿を知る（覆）。あるいは、彼に意見を求めることで（反）、自分がどんな状態か知る（覆）。

つまり、なにかを知ること一つとっても、なにかを鑑《かがみ》とし、それとの「反覆」の回転の中から明らかにしていくことを心がけ、決して静止した状態で、それだけを見て考えない。これが『鬼谷子』の基本的な発想です。

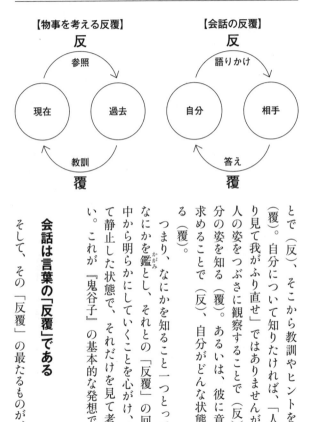

会話は言葉の「反覆」である

そして、その「反覆」の最たるものが、『鬼谷子』のテーマである言葉のやりとり、つまり会話です。

『鬼谷子』では、会話を言葉の「反覆」だと考えます。つまり、こちらが口を「開」き相手に言葉をぶつけることで（「反」）、相手もまた口を「開」き答えを返してくる（「覆」）。

その回転の中で、抱える不確定要素にすべて結論が出ていきます。

ある縦横家の考えた策が王に採用されるかどうか、相手が結婚の申し込みを受けてくれるのか、会議で自分の考えた企画が通るかどうか、相手はなにを考えているのか、自分のもくろみは成功するのか、すべては言葉の「反覆」の中で決定され、結論づけられていきます。

そして、その「反覆」の回転をいかにコントロールし使いこなしていくか。

つまりは、どんな言葉を口から出して、相手に「反」し働きかけるのか、その結果相手から出てくる「覆」をどのように聞くのか。そして、それをもとにまた、どう「反」していくのか。

それをコントロールするのが『鬼谷子』の技術なのです。

1-4
「話す（開）」と「黙る（閉）」で何をすべきか？

そこで、次に押さえておきたいのが、相手と「反覆」（会話）を行う「開」の場面で、あるいは行わない「閉」の場面で、それぞれ何をすべきかです。『鬼谷子』は以下のように言っています。

開くとは、開いてこちらの言葉を伝える、あるいは開いて相手の言葉を聞くことである。閉じるとは、閉じながら相手に取り入ること、あるいは閉じながら相手から去ることである。（捭闔第一）

これは、『鬼谷子』の中でも、相手との話の中で何をするべきか、あるいは黙りながら何をすべきかについて凝縮された箇所です。

「開」の状態において、何を話すか？

『鬼谷子』の言う「開」ですべきことは次の二つです。

開
↓
① 自分の言葉を伝える
② 相手の言葉を聞く

この二つは分かりやすいでしょう。

口を開くのは、当然、「自分の言葉」を伝えるためであり、言葉を伝えた結果、相手から返ってくる言葉を聞くためです。つまり、前項で述べた「反覆」のためだということを言っているのです。

例えば、知りたい情報があれば、それを引き出す言葉をぶつけて（反）情報を聞き（覆）、相手の本心が知りたければ、それを引き出す言葉をぶつけて（反）本心を聞き（覆）、相手に決断を迫りたければ、それを引き出す言葉をぶつけて（反）決断の言葉を聞く（覆）。

もちろん、「覆」を聞いて終わりではありません。そこにさらに「反」となる言葉をぶつけることでさらに「覆」を得、それに対して重ねて「反」をぶつける。
「開」の状態の生む「反覆」とは、そうした回転運動なのであり、その回転運動の中から、相手の本心を引き出す「飛箝」の術（2章参照）、相手を動かす「揣摩」の術（4章参照）といった『鬼谷子』の術も生まれてくるのです。

「閉」の状態において、何をするか？

では反対に、相手と話をしない、あるいはできない「閉」の段階では何をすべきか？　これは以下のようにまとめられます。

閉→　①相手に取り入る
**　　　②相手から去る**

要は、取り入るか、去るか。
もし相手を言葉で動かす「開」の場面まで持ち込みたいのであれば、①相手に取り

入って、話をする下地を作らなければいけません。関係性を作る、あるいは、相手の好みや考えを探り、それに合った自分を演じることで近づく。

しかし、その必要がないのなら黙ったまま、②速やかに去るのです。

動かせない相手、合わない相手、あるいは動かす必要のない相手の元にいても、リスクに巻き込まれるだけ。無駄な「反覆」(会話)をして妙な成り行きにならないうちに、去るのみ。

これが、戦乱時代の技術である『鬼谷子』のリアリズムであり、こうした思考法が、3章で扱う「内揵」、5章で扱う「忤合」や「抵巇」といった『鬼谷子』独特の概念を生んだわけです。

『鬼谷子』は「開」「閉」を同じ重みで扱う

そして、ここで大事なのが、「開」と「閉」を同じ重みで扱うことです。

現代的な弁論術の感覚で言うと、相手を言葉で動かす場合、どうしても話の内容や話し方といった会話の技術、つまり「開」の技術に目が行きがちになりますが、『鬼谷子』に言わせれば、それでは人を動かすにはいまだ不完全なのです。

いかに素晴らしい弁舌（開）も、相手との結びつき（閉）が不十分ならば、思ったような効果は生まれないでしょうし、仮にうまく言葉で相手を動かしても（開）、動かした後の去り際（閉）を間違えると、思わぬ災難が振りかかったりするものです。

つまりは、いかに語るかという弁論術（開）も、いかに近づき、いかに去るかの振る舞い（閉）と一緒になって、はじめて安全圏から人を動かす技術として完全になるのです。

このように「開」（話す）と「閉」（黙る）を一体と考える『鬼谷子』の発想、これは「陰陽」という考え方からきています。そこで次に、『鬼谷子』の技術のベースとなる思考法である「陰陽」について見てみましょう。

1-5 言葉のやりとりは「陰陽」の原理で動いている

『鬼谷子』において、「開閉」「反覆」と同じくらい重要な概念が、「陰陽」です。

この言葉自体は、占いや風水などで一度は聞いたことがあるかもしれません。例えば、街角でよく見る易者さんの占いなんかは、実はこの理論に基づいています。

そして、『鬼谷子』においても、「開閉の原理は、陰陽に従って適用されなければいけない」（捭闔第一）とあるように、すべてのベースとなる考え方なのです。

そこで、ここで一度「陰陽」についての『鬼谷子』の考え方を見ておきましょう。

すべては「陰陽」である

陰陽とは、森羅万象を「陰」と「陽」という二つの要素で説明する、中国の古典『易経《えききょう》』に始まる理論です。

この陰陽という考え方は、日本でもなじみの深いもので、今から一四〇〇年前頃の飛鳥時代までに中国から伝来し、以来、西洋文化が入ってくるまで一種の「科学」として世界の成り立ちや仕組みを考える際のよすがとなっていたものです。

では、具体的にはどんなものか？

朱子という学者（朱子学を作った人物）は、こう言っています。

諸君、ためしに天地の間をみよ。

他になにがあるか、ただ陰と陽とのふたつの言葉があるだけだ。いかなるものであろうとも、これから離れることはできぬ。わが身体からつらつら眺めてみよ。目を開くや陰でなければ陽であり、その陰と陽がひたひたと我が身に押し寄せている。他の何者もつけ足すことはない。

仁でなければ義だし、剛でなければ柔だ。自分がなにかをしようとして前へ進めば陽だし、うしろへ退くと陰になる。意念が動けば陽だし、静まれば陰だ。他の考え方をするまでもない。一動一静がそのまま陰陽なのだ。（『朱子語類』三浦國雄訳）

つまり、世の中のすべて、万物の見た目、性質、動きとその作用といったものは、必ず陰と陽から成り立っており、その性質に従って、組み合わさり、入れ替わりしながら変化していく。これが陰陽という考え方なのです。

陰陽に従って世の中を見る場合には、おおよそ次の三つの法則が使われます。

---

1 陰があれば陽があり、陽があれば陰がある。

2 陰は極まれば陽に反転し、陽もまた極まれば陰に反転する。

3 陽の中にある陰が物事を動かし、陰の中にある陽が物事を動かす。

では具体的には、陰陽とは現実にどのようなあらわれ方をしているのか。『鬼谷子』の内容に従ってまとめれば次のページの表のようになります。

陰陽の回転を原動力にして相手を動かす

『鬼谷子』では、陰と陽のそれぞれの性質について次のように説明します。

陰陽の現実へのあらわれ方

陽		陰
「開」(話す)	⟷	「閉」(黙る・聴く)
動くこと	⟷	静止していること
始まり	⟷	終わり
会話のある状態	⟷	会話のない状態
気持ちを同じくしている	⟷	気持ちを異にしている
表に出る	⟷	隠れる
会う	⟷	去る
前向きな話	⟷	後ろ向きな話
理想論	⟷	現実論
大きなこと	⟷	小さなこと
既知のもの	⟷	未知のもの
自分の心	⟷	相手の心
言葉の力	⟷	現実的な力(罰則や財力など)

陽は、動いて行うこと。陰は、止まって収めること。陽は、行動に移して考えや情報を出すことであり、陰は隠れて考えや情報を取り入れることである。

陽は結局陰にかえり、陰もまた極まって陽にかえる。陽にして動くものには、徳もまた生じてくる。陰にして静かなるものは、現実を形作る。

陽をもって陰を求めるとは、話術の持つ「徳」で相手を包むということであり、陰をもって陽につなげるとは、罰則や財力、人脈などの現実的な「力」を使うということである。

陰陽お互いの密接な関係は、開閉の原理によっている。これこそ、この天地にある陰陽の原理であり、人に説く際の法である。これはなにを差し置いても重視するべきことで、これを「円方《えんほう》の門戸」というのだ。（捭闔第一）

少し難解ですが、かみ砕けば以下の通りです。

冒頭にあるように、開閉を陰陽から見れば、話すこと（開）は陽、黙ること（閉）は陰です。さらに詳しく言えば、口を開き、話術の持つ「徳」を用いるのが陽、口を閉じて、罰則、財力、人脈など現実の「力」を用いるのが陰です（ここでの「徳」とは、人を動かす際の変幻自在な姿勢を指します。詳しくは7章で）。

つまり、話す言葉（開＝陽）によって、現実の状況（陰）を変えるのが、話術の持つ「徳」であり、罰則、財力、人脈など（閉＝陰）によって、相手の口から出る言葉（陽）を変えるのが、現実の持つ「力」だ、ということです。

そして、『鬼谷子』は陰陽をともに用いる技術。

相手を言葉で動かすためには、話術の持つ陽の「徳」も、現実的な陰の「力」もともに用いるのです。

陰の力を背景に相手を陽の言葉で説得し、陽の言葉で説得することで陰の力を手に入れる。こうした陰陽の回転を原動力とするのもまた『鬼谷子』の特徴です。

「円方の門戸」とはなにか？

ちなみに、引用文の最後にある「円方の門戸」とは、先に見た「存在と滅びの門」と同様、口のことです。

「円」と「方」という言葉は、「丸」と「四角」という意味で、「陽」と「陰」を言い換えたもの。天は円、地は方という古代中国の考え方から、「天」と「地」、そこから

「無限」と「有限」、「無形」と「有形」、「言葉」と「現実」など無数のものの対立を表現しています。

つまり、口を「円方の門戸」と表現する意味は、そうした陰（方）と陽（円）の対立を常に意識することこそが、開閉を操り、言葉を支配するための根本だという教えのあらわれなのです。

1-6 人を動かすには「見えないところ」に力を注ぐ

『鬼谷子』には、「聖人の行動原理は陰であり、愚人の行動原理は陽である（聖人の道、陰にして、愚人の道は陽なり）」（謀篇第十）という言葉があります。

これは、聖人が人を言葉で動かす際の神髄は、表だった華やかな弁舌（陽）ではなく、その裏にある相手への観察や周到な準備などの「陰」、そして自分が表に出ないという「陰」にこそあるのだ、ということです。

聖人の道は「陰」にあり

前項でも書いたように、『鬼谷子』では「陽」と同じくらいに「陰」を重視します。それは、「陰」こそが自分の身を守るものだからです。だからこそ、『鬼谷子』には次のような教えがあります。

知恵は、周りの知ることのできないところに用い、能力は、周りの見ることのできないところに用いる。知恵や能力を用いて、これを周りから見ることができるのなら、なすべき「事《こと》」を選んでこれに取り組むようなことはしない。これは自らのためである。

周りから見ることができないのならば、なすべき「事」を選んでこれに取り組む。これは人のためである。

だからこそ、古代の聖なる王の道は「陰」だったのだ。こういう言葉がある。「天地の万物を動かす働きは、高く深いところにある。聖人が自然の摂理を制するのは、隠れ、また隠すところにある」。（謀篇第十）

周りの目に見えないところで力を尽くし、目に見えないところから相手を動かすからこそ、自分の身の安全を確保することができる。これが一歩道を誤れば命を狙われる戦国乱世の中、諸国を渡り歩いた縦横家の弁論術のリアリズムなのです。

では、実際に『鬼谷子』では、どのような手順を踏んで「陰」から人を動かすのか。次項では、いよいよ『鬼谷子』の技術の具体的な中身に入っていきましょう。

1-7
『鬼谷子』の説く策謀の手順

『鬼谷子』には、言葉で人を動かす手順について、以下のように書かれています。

「変」が「事《こと》」を生み、「事」が「謀《はかりごと》」を生む。「謀」は「計」を生み、「計」は説得の仕方を生む。説得の仕方は話すという行為を生み、話す行為は相手の前に進み出るという行為を生む。進み出る行為はその後に引き下がるという行為を生み、無事引き下がるまでに至って、「事」を制するという結果が生まれるのだ。こうした手順に従って、その「事」を制するのは、あらゆる「事」に対して共通する原理である。（謀篇第十）

とくに前半に出てくる「変」「事」「謀」（「計」）というのは、『鬼谷子』における独自の用語で重要です。いきなり新しい言葉が大量に出てきますが、『鬼谷子』流の弁論術を理解するには、必須ですのでちょっと頑張りましょう。

まず、ここに出てくる要素を整理して、手順として図にまとめれば、次のページのようになります。

「変」――世界や相手の動きを見る

はじめにある「変」というのは、『易経』繋辞伝《けいじでん》に「一闔一闢《いっこういっぺき》（閉じたり開いたり）、これを変と謂《い》ふ」とあるように、元々は陰陽が入れ替わっていくこと。簡単に言えば、世界や個人の動きを指します。

大きなものでは社会のレベルや組織のレベルの動き、ミクロなレベルでは相手の発言や行動の変化、そこからうかがえる心の動きまで、こうしたものはすべて「変」です。

『鬼谷子』では、人を言葉で動かそうとするならば、まずは周囲のこうした「変」をじっくり観察し、その詳細を把握するべきだと説きます。

『鬼谷子』の説く策謀の手順

陰　世界や相手の動きを見る【変】

↓

陰　なすべき課題を定める【事】

↓

陰　課題を解決するための策略を練る【謀】

↓

陰　話す内容を決める【議】

↓

陽　相手の前に進み出る【進】

↓

陽　実際に相手を言葉で動かす【説】

↓

陰　相手から去る【退】

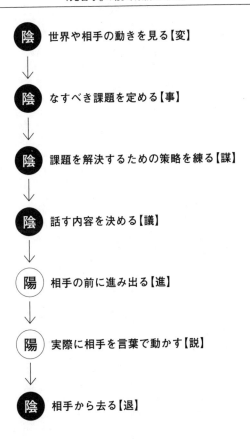

「事」――なすべき課題を定める

「事」もまた、『易経』繋辞伝に「変に通ずる、これを事と謂《い》ふ」とあるのに由来する言葉で、「変」について熟知した結果明らかになる、「なすべきこと」「しなければいけないこと」を指します。「課題」という言葉で考えると分かりやすいでしょう。

周りの状況や相手の内面の動き（変）をつぶさに見ていれば、今度は「課題」（事）が生まれます。

現代風に言えば、「持っている株の値段が下がっている」という「変」を見れば、「早く売らなければいけない」という「事」が生まれるでしょうし、蘇秦の例で言えば、「秦一国が強く他の六国が弱い」という時代の動き（変）を見て、「六国側を勝たせる」という課題（事）が生まれたわけです。

『鬼谷子』の技術のすべては、この自分の「事」を実現するためのものです。

一方で、他人を言葉で動かす『鬼谷子』の技術では、相手の抱える「事」というものも非常に重視します。相手の「事」が自分の立てた「謀」（策略）と合わなければ、相手を言葉で動かすのは無理だからです。

例えば、「六国側を勝たせなければいけない」という「事」を持っている蘇秦という人物を説き伏せて、秦を勝たせるような行動をとらせるのは困難でしょうし、もっと身近な例で言えば「痩せたい」という「事」を端《はな》から持っていない人を、説き伏せてダイエットさせようとするのも無理があるのです。

この相手の抱える「事」を知る技術については、2章で扱う「象比《しょうひ》」の術・「飛箝《ひかん》」の術の中で詳しく解説します。

「謀《はかりごと》」――課題を解決するための策略を練る

「謀」とは、その人の「事」（なすべきこと）に基づいた策略のこと。

蘇秦で言えば、「六国側を勝たせなければいけない」という課題（事）を実現するために、彼が採用した、六国を同盟させる「合従策」が、彼の「謀」だということになります。

そして、引用文の中にある「謀」から生まれる「計」とは、「謀」のための具体的な計画のことです。例えば、合従策のためにどう六国の王を説き伏せていくか、具体的には「まずは、最初に燕の王を説き伏せる」「韓の王は、三番目に説き伏せる」などという詳細な計画も含まれるでしょう。

ちなみに、『鬼谷子』ではこの「計」という言葉はあまり使われず、「謀」という言葉が具体的な計画（計）までを含む形で使われているようです。

本書でも「謀」という言葉を「計」まで含んだ、「事」を実現するための策略」という広い意味で使っていくことにし、「計」という言葉は以後使わないことにします。

「議」――話す内容を決める

「謀」が定まったら、実際の会話の場面でなにを話すかを考えます。これは説得の内容を決めるということです。

蘇秦で言えば、「合従策」という「謀」のためには、これから説得する韓の国の王にどのように話せばいいのか、その具体的な内容を決めるということになります。ここでは、最初の「変」の観察による、韓の国の地理、周囲の国との関係、王自身の性格というものへの詳細な把握がものを言います。

こうした相手の受け入れやすい説得方法を作る技術については、3章で解説します。

「進」「説」「退」——話したら速やかに去る

あとは、実際に相手の前に進み出（「進」）、決めた通りに相手に説いて相手を動かしたら（「説」）、最後は速やかに去る（「退」）。

この「去る」というのは地理的に去ること、立場的に表舞台から去ること、両方を意味します。とにかく、相手を動かしたらあとは自分を相手や周りから目立たないようにすること。縦横家が、一つの国の王を説得したら、すぐに次の国に移動していたことなどもそれに当たるでしょう。

これが『鬼谷子』の人を言葉で動かす手順であり、自分の抱える「事」（課題）を言葉によって制する、つまり実現するということです。

そのための身の処し方、去就の操り方については、5章で解説します。

1-8 人を動かしたら ただちに「陰」に還る

これまでのところを見ても分かるように、『鬼谷子』では、まず世界や相手の動き（「変」）をよく観察し、なすべき課題（「事」）を知り、その課題を解決するような策略（「謀」）を立てることからすべてが始まります。

陰に始まり、陰に終わる

これを陰陽という観点から見ると、人知れず隠れて準備をする「陰」の段階が大事だ、という言い方になるわけです。そして、そうした「陰」が熟したら、はじめて「陽」の段階に入り表だって動かすべき相手に会って話をする。

ただし、「陽」として人前で相手を動かすのは、できるだけ一瞬にしなければいけません。相手を動かしたら、ただちに表舞台から去り、再び「陰」の中に還り、身の安全をはかる。これが『鬼谷子』の教えです。

これが『鬼谷子』の言う、言葉を支配し、人を動かし、目の前の課題（事）を制するということ。つまり、陰に始まり、陰に終わる。人知れず備え、人知れず去るのです。

先にも述べたように蘇秦や張儀などの縦横家が数ある王侯を動かしながら、各国を飛び回るのもこの「去る」ということを重視しているためです。一カ所にとどまり、衆目の前で人を言葉で動かし続けることには、それだけでリスクがあります。

だからこそ、『鬼谷子』の技術は、本来であれば、「ここぞ」というときにだけ使うような技術なのです。この技術を濫用し、一カ所にとどまって裏で権力をふるい続けることには、危険がともないます。『鬼谷子』にも次のような言葉が繰り返し説かれます。

策を用いて姿なく、その出入りするところを誰にも見られない。これを天神（神秘）の働きという。（反応第二）

自分を絶対安全な立場に置きつつ、言葉で人を動かす。これが乱世の中で、磨かれてきた教えである『鬼谷子』の真骨頂なのです。

では、具体的に、人を動かすための「陰」を備えるには、なにをすればいいか？

それにはなによりも、動かす相手の心の内を知ること。とくに相手がどんな「事」を抱えているのかを知らなければ、相手を言葉で動かすことはできません。

そこで次の章では、相手の「事」を知るための基本技術である「象比《しょうひ》の術」を紹介します。

2章

「象比《しょうひ》」と「飛箝《ひかん》」

――相手の本心をえぐり出す技術

2-1 動かせる相手か、動かせない相手かを見極めよ

前章で触れた通り、『鬼谷子』では、どんな相手を言葉で動かす場合でも、物事の動きである「変」の観察から始めます。

そしてそうした状況の把握から、「事」（課題）が生まれ、誰をどのように言葉で動かし、なにをさせるのか、という「謀」（策略）が生まれるわけです。

しかし、その「謀」が実際に可能かどうかは、動かす相手がどのような考えを持っているのかによります。『鬼谷子』にはこうあります。

相手を動かす「謀」が可能かどうかは、相手と本心の部分で通じ合っているのかを探ることで判断できる。相手に就くべきか離れるべきか。それは、なにより相手が本音の部分でなにをしようとしているのかによるのだ。（捭闔第一）

『鬼谷子』で説かれる言葉の技術は、弁さえ立てば、どんな相手も動かせるなどというリアリティのないものではありません。あらかじめ、動かせる相手と動かせない相手を峻別《しゅんべつ》し、必ず動かせる相手をして、はじめて動かすという、万に一つの失敗も避けようという実践的なメソッドなのです。

本心の把握できない相手からは去る

こうした考え方は、前章で紹介した「開閉」と関連づけられる形で以下のようにも説かれます。

「開」では、相手の本心をはかり、「閉」では、はかった相手との結びつきを作る。

どんな場合も相手側の本心や価値観が明らかになって、そこではじめて基本的な方針を立てるものだ。聖人は、このようにして相手をどう動かすかを考える。もし相手の本心や価値観が分からず方針も立たないのであれば、むしろ聖人は自分の身の守り方を考えるのだ。（捭闔第一）

つまり、事前に「開」、すなわち言葉のやりとりによって相手の本心を探り、明らかにならないのならば、その相手のことを言葉で動かそうと考えてはいけない、ということ。

そして、むしろ本心の明らかにならない相手は危険であり、そういう相手が近くにいる場合は、自分の身を守るために、その相手からは離れることを考えておくべきだということです。

この本心を把握できるかどうか、とくに「事」を把握できるかどうかは、自分が相手を動かすのか、相手が自分を動かすのか、そのせめぎ合いの勝敗を分ける決定的な要素になります。

「事」（課題）に取り組む場合には、人を制することを貴び、人に制せられることを貴ばず、と言う。この「人を制する」という意味は、相手の抱える「事」をはかって、把握することを言う。人に制せられる人間は、運命を制せられているのである。

だからこそ、聖人の行動原理は陰であり、愚人の行動原理は陽である。

知っている者は、易しいことに取り組むことになり、知らない者は難しいことに取り組むことになるのだ。ないことをあるとし、危ういことを安泰だとしてはいけない。このような姿勢で、知りもしない状態で無理矢理なにかをしたりはせず、まずは知っているということを貴ぶのだ。（謀篇第十）

まずは事前に相手の「事」、つまり、しようとしていること・抱えている課題を知る。それを知ることができれば、相手の運命すらその掌中におさめることができる。

だからこそ、『鬼谷子』は「聖人の行動原理は陰であり、愚人の行動原理は陽である（聖人の道、陰にして、愚人の道は陽なり）」と言うのです。

この「陰」は、先にも触れたように、人知れぬ事前の準備という意味の「陰」であり、自分が表に出ないという意味の「陰」、そして、ここで付け加えれば、隠された相手の心の中という意味での「陰」を知ることをも意味するのです。

では、どのように相手の心の中という「陰」を知ればいいのか？　そこで『鬼谷子』の基本技術である「象比《しょうひ》」の術というものを見ていきましょう。

2-2 共感と同調で相手の「事(課題)」を導く「象比」の術

ここからはいよいよ『鬼谷子』の技術に具体的に触れていきます。

『鬼谷子』において、事前に明らかにすべき相手の本心の中でも、とくに重要なのが前項でも述べたように「事」、つまり、相手が抱えている課題です。

例えば、戦国の諸国の王が抱える「隣国と同盟を結びたい」「秦の脅威を取り除きたい」などは「事」ですし、現代で言えば「痩せたい」「旅行に行きたい」などもすべて「事」です。

そして、相手を言葉で動かすには、こうした相手の「事」が、こちらが実行しようとしている「謀」(策略)と合っていることが必須条件なのです。『鬼谷子』にもこういう言葉があります。

「「事」に合わないところがあれば、聖人は「謀」をしない(事、合わざるものあらば、聖人、謀を為さざるなり)」(内揵第三)

「同盟を結びたい」とまったく考えていない王に同盟を結ばせたり、端《はな》から「旅行に行きたい」などと思っていない人を旅行に行かせるのは、至難の業だということは自明のことでしょう。

相手の言葉に網を張り巡らせよ

だからこそ、相手を言葉で動かすためには、まずはどんな「事」を抱えているのかを探る必要があります。『鬼谷子』では、こうしたときに「象比」の術というものが使われます。「象比」の術とは、相手の抱えている「事」と言葉には「象比」という結びつきが必ずある、という性質を利用した術です。

言葉には「象」という性質があり、「事」には「比」という性質がある。この「象比」というものがあって、その言うことの次第を知ることができるのである。「象」とは、言葉はそれを言った人の「事」をあらわすという性質であり、「比」とは、「事」は必ず言葉にあらわれるという性質である。「象比」を利用して相手に合わせて変化し、相手の声を求めるのだ。

相手の言葉をとらえたときに、それが相手の「事」に合うものであれば、その人の実質を得ることができる。それは網を張って、獣を捕るようなものだ。ここだというところに網を多く張り巡らしこれをうかがう。その導き方が相手の「事」に合っていれば、彼は自らその「事」を口から出す。これが人をとらえる網というものだ。（反応第二）

前半が少しややこしくなっていますが、まとめれば、その人の話の中には、「事」をあらわすような「言葉」が必ずあるはずだということ。これを「事」と言葉の間には「象比」の結びつきがあると表現しているわけです。

ふと漏らした言葉に本音がある

だからこそ、相手を言葉で動かしたいのならば、相手の話から「事」を表現する言葉を捕まえなければいけません。

『鬼谷子』も先の箇所の中で「相手の言葉をとらえたときに、それが相手の「事」に合うものであれば、その人の実質を得ることができる（其の語を釣り、事に合わば、人の実を得るなり）」と結論づけていますが、相手の「事」という実質さえ手に入れれば、あとは相手を操るにしても、そこから去るにしても、正確で確実な判断が可能になります。

だからこそ、戦国時代の縦横家もまた、王の話を聞くときには、相手の「事」があらわれている言葉を捕まえようと必死だったのではないでしょうか。

そんな中で、例えば、王がふと漏らした「とは言っても、我が国だけで、秦にあらんとしても勝利はおぼつかない」という言葉を聞き、王の「どこかと同盟を結びたい」という「事」を知ったりする、そんな場面があったのではないでしょうか。

ただし、実際の張儀や蘇秦の記録には「象比」の術を使って相手の「事」をはかるような場面は、記載されていません。書かれているのは、華やかに弁舌をふるう「陽」の場面だけです。それも当然で、こうしたことは、「陽」の段階のために、人知れず行う「陰」の技術だからです。

これは「象比」の術に限りません。彼らがどのように天下の動き、人の動き（「変」）を分析し、なすべき課題を定め（「事」）、「謀」を立てたのか、という「陰」の段階の動きについては、一切記録にはありません。そして、むしろ、知られていないからこそ「陰」なのです。

そして、何度も書くよう『鬼谷子』においては、そうした「陰」にあること、「陰」であることが重要なのです。

徹底的な質問で万が一にも禍根を残さない

相手の「事」をはかる場合には、話を聞いて、相手の「事」に不明瞭なところがあれば、言葉のやりとり（「反覆」）の中で明らかにしていくべし、と『鬼谷子』は説きます。

人がなにかを言うのは動であり、それに対してこちらが黙っているのは静である。相手の言うことに従って、その本心の言葉を聴き取っていく。相手の言うことに、こちらの「謀」に合わないところがあれば、「反」してそこを追求すればよい。そうすれば、必ずそれに対する答えが返ってくる。（反応第二）

相手の言うことに従って話を聴き取っていき、仮に相手の「事」の中に曖昧な部分や、自分の「謀」に合わなそうな部分があれば、すかさず「反」して働きかけ、「覆」を得ること。つまり、そうした部分について、質問するなりすることで、その答えを聞き、はっきりさせることが大事なのです。

ここを放っておくことは、言葉で人を動かすに当たって、のちのち禍根を残すことになります。相手の「事」については、可能な限り明瞭に把握すること。これも『鬼谷子』の教えです。

前項で見た文に「ここだというところに網を多く張り巡らしこれをうかがう。その導き方が相手の「事」に合っていれば、彼は自らその「事」を口から出す。これが人をとらえる網というものだ」とあるのも、そういうことです。

とはいっても、実際には、単に闇雲に質問をしたりするだけでは、相手の言葉から、一向に「事」が見えてこないということもあるでしょう。そこで、『鬼谷子』は相手の「事」を導き出すための正しい方法というものを説いています。

相手が頑なに本心を言わない場合

「事」を引き出すには、相手に合わせて、こちらが千変万化し、相手が自然と「事」

を口にするように導くことが大事になります。

これを『鬼谷子』では、円の転がる様に喩《たと》えて「転円《てんえん》」「環転《かんてん》」などと表現しますが、これもまた、変化する現実（「変」）に対応するための心構えです。

相手が頑《かたく》なに本心の言葉を言わないのならば、こちらが相手に合わせて変化し、「反」して「覆」を得る。ここでのキーワードは「同調」です。『鬼谷子』に以下のようにあります。


相手が本心を言わず、相手の「事」が言葉にあらわれてこないのならば、こちらが変化して対応すればよい。こちらから、相手の「事」をあらわすような言葉をぶつけ、相手を動かし、相手の心に報いるのだ。

そうして、相手の本心が見えたなら、それに従いそれを育てるように話をする。こちらが「反」すれば、彼は「覆」を返すだろう。

言葉には「象比」があり、それに従って「謀」の基盤を定めなければならないのだ。

繰り返し繰り返し、反し覆すれば、どんなことについてでも、相手の本心の言葉を見失うことはない。（反応第二）

これは、現代のカウンセリング技法などでも同様だと思うのですが、相手になにかを話させたいならば、否定は禁物。「相手の本心が見えたなら、それに従いそれを育てるように話をする」とあるように、相手に合わせて変化し同調していくことが肝要なのです。

これを『鬼谷子』では、「同声は相呼び、実理は同帰す」（同じ調子の声はお互いを引き寄せ、そこにある理屈は同じ結論に帰結する）と表現しています。

より具体的にいえば、相手の話を聞くときは、そのベースとして、受け入れ同調する相づちを打ち、相手に言葉が足りない場合は、「○○ということですか？」などと相手の「事」を代弁するような言葉をぶつけ、引き出していく。

そうした「反覆」の中、相手が「事」を言葉に漏らしたら、そこですかさずとらえ、話の焦点をそこに絞っていき、さらに相手に応じ同調しながら言葉を引き出し、具体化していく。

これが、『鬼谷子』の説く、相手の「事」の引き出し方なのです。

「円」で導き、「方」で「事」とする

『鬼谷子』では、こうした考え方をさらに短く、
「いまだ形が見えないときは、「円」でこれを導き、形が見えてきたら、「方」でこれを「事」とする（未だ形見ざれば、円、以て之を道《みちび》き、既に形見れば、方、以て之を事とす）」（反応第二）

とも表現しています。

前章でも触れたように、口は「円方の門戸」。円とは、陽であり、無形、変化する作用、方は、陰であり、有形、形をなす作用です。

相手の「事」の形が見えなければ、一旦こちらも形をなくし、相手に合わせて千変万化する円の姿勢で導き、同調して「事」を引き出していく。

そして、相手の「事」がはっきり見えたら、即座に「方」（具体的な段階）に転じ、相手の「事」に基づいて、自分の「事」（課題）に取り組み始める。これが『鬼谷子』の説く、「円方の門戸」たる口の使い方であり、極意なのです。

ちなみに、この「円」から「方」という考え方は、1－7で見た周りや相手の「変」を観察することから、「事」とそれに対する「謀」が生まれるという考え方と同じものです。

2-3 硬軟合わせ技で相手の「事」を引っ張り出す「飛箝」の術

「飛箝《ひかん》」の術とは、相手の言葉を「飛び上がらせて（飛）」、「とらえる（箝）」もので、前項で紹介した「転円」の姿勢で同調する「象比」の術だけでは、埒があかない場合に使うより強力な術です。『鬼谷子』は次のように言っています。

上にいる人間が、「内」で納得しているにもかかわらず、「外」でこちらの言い分を採用しない場合は、説いて「飛箝」の術を使うのだ。（内揵第三）

つまり、相手が「謀」に合うような「事」を考えているに違いないのに、いくら話を聞いていても頑なに態度にあらわさず、外向きにはそう見せない場合。こうしたときには、「飛箝」の術を用いて、相手の「事」を外に引っ張り出し、はっきりとした形としてとらえる必要があります。

「開」と「閉」で会話の主導権をとる

では、具体的には、どのようにして、相手の本心や「事」を引き出すのか。

ここで、1-2で解説した「開」(話す)と「閉」(黙る)が持つ基本的な作用が重要になってくるのです。『鬼谷子』の言葉を見てみましょう。

本音の言葉をつり上げる言葉を用いて、「飛箝」するのだ。

本音を引き出すための言葉の説き方は、あるいは「開」いて共感を示し、あるいは「閉」じて意見の異なることを示すことで行う。(飛箝第五)

「飛箝」の術の基本は「あるいは「開」いて共感を示し、あるいは「閉」じて意見の異なることを示す」ことにあります。象比の術とは違い「共感」一辺倒ではなく、「開」「閉」の性質に従って、それを使い分けることが重要になるのです。

これを相手の話を聴く場面に沿って考えてみれば、相手がこちらの引き出したい「事」に関連する言葉を言ったときには、相づちを大きくして同調を示し、積極的に質問をするなどして「開」を用い、一方で、関係ない言葉に対しては、相づちを小さく、少なめにし、質問もせずに「閉」を用いる、ということ。
こうすれば、相手は自然とこちらの聞きたい言葉のほうへ誘導されていくわけです。これは、現代的なコミュニケーション技術でも使われる手法です。

相手に応じて「おだて」と「そしり」を使い分ける

前項のような単純な「開閉」の変化を用いてもうまくいかないこともあるでしょう。そうしたときにはどうすればいいのか？　それには「おだて上げる」（重塁《ちょうるい》）と「そしる」（毀《き》）を使い分けることが大事だと『鬼谷子』は言います。

うまく「事」が引き出せない相手には、まず相手の言葉を否定して圧倒し、その後、肯定しておだて上げる。あるいは、肯定しておだて上げておいて、そしる。あるいは、おだて上げることでそしる。あるいは、そしることでおだて上げればよい。（飛箝第五）

ここで『鬼谷子』は、四つの方法を挙げています。

はじめの三つは、相手に自分の「謀」に合う「事」がありそうなときに、それを言葉として引き出すもの。最後のものは、相手の「事」を現実化し、引き出すことで攻撃するものになっています。

1「相手の言葉を否定して圧倒し、その後、肯定しておだて上げる」

相手の言い分を完膚《かんぷ》なきまでに論破しておいて、そのあとでその言い分のある部分について、肯定し持ち上げれば、相手はそのほめられたものに執着し始めます。

こうした心理を利用し、「言っていることは間違っているが、この部分はきわめて正しい」と相手の隠している「事」があらわれた部分をほめて肯定し、持ち上げるのです。

すると相手は前半の否定された部分との落差から、自然とそのほめられた内容に引っ張られて、そこに込められた、自分の「事」を暴露することになるでしょう。

例えば、「○○国と同盟を結ぶことも考えたが、彼の国は弱くよしみを通じたところで頼りにはならぬ」と王が言ったとします。

○○国との同盟を結ばせたい縦横家がそれを聞いたならば、「そうやって、どことも同盟を結ばなければ、いずれ孤立し、この国は滅びますぞ」と全体について強く非難し、その後「ただし、○○国との同盟を一度はお考えになられたこと、真に慧眼《けいがん》でございます」と絶賛するのです。そうすれば、その王も「○○国と同盟を結びたい」という「事」を表に出しやすくなるでしょう。

2「肯定しておだて上げておいて、そしる」

これは相手の言い分を一旦ほめて肯定しておいて、体面などを気にして「事」を表現できていない部分をピンポイントで非難する方法です。

要は「言っていることは正しいが、この部分は間違っている」という言い方になるでしょうか。相手を非難することで、心の距離が離れるのではないかという意見もあるかもしれませんが、非難されるのが自分の「事」とは関係のない部分であれば、人は受け入れるものです。

例えば、先ほどと同じ、「〇〇国と同盟を結ぶことも考えたが、彼の国は弱くよしみを通じたところで頼りにはならぬ」という王の発言に対して、〇〇国と同盟を結ばせたくない縦横家が、王もまた本心では「同盟を結びたくない」という「事」を持っているとにらんだのならば、このタイプの「飛箝」の術を使ってこのように言うでしょう。

「同盟を踏みとどまられたことは、真にご英断にございました。しかし、同盟をお考えになられたこと自体が危険でございましたぞ。なぜならば……」

このように言われれば、王も「同盟を結ぼうと考えたのは、余の本心ではない」などと「同盟を結ばない」という「事」をはっきり表に出しやすくなるのです。

3「おだて上げることでそしる」

相手の本心からではない言葉をほめて、全肯定するというのも有効な手法です。

心にもない言葉を言う状況にある人の心には、「こうすればいいのは分かっているが、そういうわけには……」という秘めたる「事」と現実の葛藤が必ずあります。

そうした相手から「事」を引き出すには、その葛藤による矛盾を拡大させるのも一つの方法。

つまり、相手の心にもない言葉をすべて肯定し、相手をそういうことを言う人間として評価したり、その言葉をすべて採用して実行に移す姿勢をはっきり示すことで、秘めたる「事」と現実を乖離させ、自責の念を感じさせるのです。

矛盾を感じ、耐えられなくなると、相手はどこかで前言を撤回するような「これでよいのだろうか……」という歯切れの悪い態度や発言を見せ始めます。それをとらえるのも「飛箝」の術の一つです。

4「そしることでおだて上げる」

こうした反語的な批判というものには、現実への適用を考えた場合に二つのパターンが考えられるでしょう。

スタンダードなのは、日常会話でもよく聞くような「そんなにうまくやりやがって、卑怯だぞ」といった憎まれ口のような形の賛辞です。これは単なる会話上のレトリックで、そこまで重要ではないかもしれません。

重要なのは、もう一つのパターンでしょう。

こちらは、味方の本心を引き出し言葉で動かすというより、敵の「事」を引き出して、不利な状況に追い込むための技術です。

敵味方という「陰陽」の中では、敵の非難は賛辞に逆転します。

つまり、こちらが不満を述べたり、非難したりすればするほど、敵は「してやったり」と喜び、ますます調子づくのです。

ならば、敵の中に利用したい「事」があれば、それについて不満を述べたり、非難すればいいのです。相手は調子づき、「事」を言葉にし表に出すでしょう。

例えば、敵対する国に、あえてこちらの領土の○○という場所を攻めさせて、そのスキに背後を突くという「策」をこちらが持っていたとします。

そういう状況の中、敵の王に実際「○○を攻めたい」という「事」がある様子ならば、すかさず、こちらは「〇〇を攻められてはたまったものではない」という話を敵の王の耳に入るような形でするわけです。

するとの相手は、喜んで「〇〇を攻める」とその「事」を口から出して実行してしまうでしょう。これが、このタイプの「飛箝」の術です。

『鬼谷子』は、この術を別の箇所で、

「相手を取り去ろうとするならば、相手の行為に逆らわずに調子づかせるのだ。相手を調子づかせる者は、これに乗じることができる（之を去らんとする者は、之に従う。之に従う者は、之に乗ず）」（謀篇第十）

という言葉で説明しています。

もちろん、相手の「事」を引き出した結果、自分の「謀」に合わないようなものだったということもあるでしょう。

しかし、いずれにせよ、相手の「事」が外に形としてあらわれないうちに、「こういう「事」を抱えているに違いない」などと早合点して、そこをはっきりさせないまま「謀」を進めるのは、不確定要素を放置することになり、危険なのです。

これが、戦国の縦横家であれば、相手の王が心ひそかに「隣国と和睦したい」という「事」を持っているのに、そこを見誤って隣国を攻める策を進言すれば、国を乱す危険人物だと思われかねないのです。

だからこそ、相手の「陰」にある「事」は、必ず「陽」に引き出す。その「事」が「謀」に合うかどうかは、そのあとの話。相手の「事」がこちらの「謀」に合わなければ、違う人物を動かすなり、「謀」を修正するなりすればいいのです。

3章

「内捷《ないけん》」

——「つながり」を利用し心の内側から説得する

3-1 「陰陽」を用いた説得の技法

前章では、相手の「事」を探る技術である「象比」の術、そして「飛箝」の術について取り上げました。

とはいっても、もちろん、相手の抱えている「事」（課題）が、こちらの「謀」（策略）と合っているだけでは、言葉で動かすことなどできません。

正しい『鬼谷子』流の手順としては（1－7参照）、相手の性格や関係性に合わせた形で、説得の仕方を組み立てる必要があるのです。

相手によって説得の仕方は変わる

『鬼谷子』は、相手がどういった話を受け入れるのかは、相手がどういった種類の人間であるかによる、と言います。『鬼谷子』では、相手のタイプ別の話の作り方について、以下のように言っています。

そもそも人格者は、金銭を軽んじているから、「利」で誘うことはできない。しかし、金銭を出費させることはできる。

勇敢な人間は、困難を軽んじるから、よくないことを引き合いに恐れさせることはできない。しかし、危険なことにおもむかせることはできる。

智者は世の中の原則をわきまえ、道理を明らかに認識しているから、正当性のないことで欺くことはできない。しかし、道理を示せば、手柄を挙げさせることができる。

これが、こうした三つの種類の人間の扱い方である。

愚か者はごまかされやすく、未熟な者は恐れやすく、貪欲な者は利に誘われやすい。こうした性質については、こちらのなすべき「事」に照らしてどう利用するか判断すればよい。(謀篇第十)

ここでの内容をまとめれば以下のようになるでしょう。相手のタイプ別に、なにが受け入れられ、なにが受け入れられないのか。

強を為す者は弱を積み、直を為す者は曲を積む

肝心なのは、相手がどのような人間であるのかを観察し、そのタイプに合わせた話し方をするということです。ここでも、やはり、「変」（人の動き）への観察が出発点になるわけです。

そして、ここでもう一つ大切なのは、相手がどんな人間であろうとつけいるスキはあるということです。相手が完璧な人格者であれば、人格者だからこその説得の仕方というものがあるはずですし、逆に極悪人であっても極悪人だからこその説得の仕方が必ずあるのです。

このことについて『鬼谷子』はこう言っています。

強みのある者は、それだけどこかに弱みを蓄積し、まっすぐな者は、それだけどこかが曲がっている。あまりある者は、その分、どこかに足りないところがあるのだ（強を為す者は弱を積むなり。直を為す者は、曲を積むなり。余りある者は、不足を積むなり）。（謀篇第十）

相手のタイプ別説得法

- 相手が**人格者（仁人）**である場合

→ 利益で誘うような説得の仕方は受け入れられない。
逆に言えば、コストがかかるような話も受け入れられる。

- 相手が**勇敢な者（勇士）**である場合

→ 困難を引き合いに脅すような説得の仕方は受け入れられない。
逆に言えば、ともなう困難について語っても受け入れられる。

- 相手が**智者**である場合

→ 理屈に合わない説得の仕方では受け入れられない。
逆に言えば、しっかりした理屈さえあれば、受け入れられる。

- 相手が**愚か者（愚者）**である場合

→ ごまかすような説得も有効である。

- 相手が**未熟な者（不肖者）**である場合

→ 恐れさせるような説得も有効である。

- 相手が**貪欲な者（貪者）**である場合

→ 利益で誘うような説得も有効である。

つまり、人を見るときも「陰陽」に従って、見るということです。陽があれば、陰があり、陰があれば陽がある。これが陰陽の原則です。

相手に強みという陽があれば、どこかにその分だけの弱みという「陰」が必ずあります。そして、その相手の中にある「陰」をうまくつくような話し方ができれば、必ず説得は可能なのです。

要は、相手の持つ自然な特性に従うということ。そうした話し方ができれば、相手は自然とこちらの言うことにうなずき、こちらのもくろみ通りに動くことになるのです。『鬼谷子』にはこういう言葉もあります。

人の欲しないことを人に強いてはいけない、人の知らないことで人に教えてはいけない。人は好むところがあれば、学んでこれに従うし、嫌うところがあれば、避けてこれを遠ざけるようになるものである。

これが「「陰」に従って、「陽」で取る」ということである。(謀篇第十)

3-2
説得の成否を決定づける「内揵《ないけん》」

中国の歴史において、宮廷に入り込んだ美女が、王を意のままに操って権力をほしいままにするようなケースがよく見られます。妲己《だっき》や楊貴妃などその代表例でしょう。

なぜ王がこうした美女の言葉に耳を貸すかと言えば、それはおそらく発言の内容に説得されたからではありません。むしろ、大きな理由は「彼女の言うことだから」ということだったはずです。

この「彼女の言うことだから」のような結びつきについて、『鬼谷子』はこのように言っています。

「謀」というものは、「公」（誰にでも当てはまるもの）より「私」（相手にしか当てはまらないもの）、そして「私」よりは「結」（相手との結びつき）である。

「結」があれば、失敗につながる隙もないものだ。(謀篇第十)

要は、相手を説得し言葉で動かす上では、言葉以前の「結」(相手との結びつき)があるのがベストだと言っているわけです。このように、言葉には純粋な内容面とは別に、説得を有利にするような要素があります。これを「心の内側(内)」の「カギ(揵)」という意味で、「内揵《ないけん》」と言います。

金、酒、色、「内揵」は様々なものから生まれる

『鬼谷子』はこのように解説しています。

主君と臣下の問題では、離れて親しかったり、近くにいて疎んぜられたり、あるいは、近づこうとするものが用いられず、去ろうとするものがかえって求められるということがある。

日々前に進み出て用いられなかったり、離れてお互いの噂を聞いては思い合ったりするのは、すべて「内揵」ということがあるからであり、これは平素

から結んでおくべき根本的な出発点なのである。

ある者は、共通の道徳を「内揵」とし、ある者はお互い仲間であることを「内揵」とする。ある者は金の結びつきを「内揵」とし、ある者ははなやかな宴席や女色の快楽による結びつきを「内揵」とする。（内揵第三）

相手と価値観が同じだからこそ成功する説得、仲間内だからこそ成功する説得、金の結びつきがあるからこそ成功する説得、接待しているからこそ成功する説得、肉体関係があるからこそ成功する説得があり、これらはすべて「内揵」による説得だということです。

そして、どんな「内揵」であろうが、それが「謀」に利用できるものなら、即座に作り上げ、相手を動かす。それが『鬼谷子』の考え方です。

3-3 道徳を利用して「内揵」を作る

『鬼谷子』は、「内揵」についてさらに詳しい分析を試みています。

「内揵」の「内」とは、相手の前に進み出て言葉を説くこと。「揵」は、「謀」のための結びつきを作ること。

相手に説こうとするならば、ひそかに相手の心を探ることが重要であり、「謀」はそれに従って立てることが重要なのである。「陰」で「謀」を相手が受け入れるかどうかを熟慮し、日の当たるところ（「陽」）で、得るもの失うものを語ることで、相手の「なにかをしたい」という気持ちをコントロールするのだ。（内揵第三）

要は、「内揵」とは「相手の前に進み出て言葉を説くための相手との結びつき」のことなのです。

だからこそ、ここにあるようにまずは相手の心を観察し、相手と自分の間にそうした「結びつき」があるか、あるいは作ることができるのかを見極め、それから説得の計画（「謀」）と説得の仕方を考える「議」というのが手順になるわけです。

最大公約数的な「内揵」とは？

とはいっても、こうした「内揵」を作るのは、簡単なことではありません。

相手に利益を供与するにせよ、同じ党派（グループ）に所属するにせよ、愛人になるにせよ、一朝一夕にできることではないでしょう。

そこで、『鬼谷子』は、もっと手軽に、説得を相手の心の内側に入り込ませるための方法として、道徳を「内揵」として利用する手法を紹介しています。

世間で言われる、道徳、仁義、礼楽、忠信といった価値観によって「謀」を作るのだ。まず『詩経』『書経』といったものにみられるような基本的な価値観を取り入れ、そこに様々な人の見解を引用してまじえ、狙いに応じて足したり引いたりし、相手を説得し、その結果に従って去ったり就いたりすればよい。
（内揵第三）

道徳は、いつの時代も、多くの人間を同じ価値観の元でつなぐ役割を果たしているもの。つまり、代表的な「内揵」なのです。

引用箇所の、「仁義」「礼楽」「忠信」というのは、当時の中国の為政者や上流階級において有力な思想の一つだった儒教の道徳観で、『詩経』『書経』はそのバイブルです。

戦国の縦横家たちを見てみても、王を説得する際には、ほとんどの場合「王たるものの道」というものをベースに説得を試みますが、これこそ、こうした道徳による「内揵」を利用しているのです。

例えば、蘇秦は韓の国の王を合従同盟に参加するように説得した際には、以下のような言い方をしています。

俗にも「鶏口《けいこう》となるも牛後《ぎゅうご》となるなかれ」と申しますものを、今、西を向いてかしずき、秦に仕えようとするのは、牛後となるのとなんの違いがありましょう。

大王さまの賢明さと韓の強い兵がありながら、大王さまが牛後と呼ばれることは、恐れながら、それがし大王さまの御恥辱ではないかと考えるのです。（『史記』蘇秦列伝第九）

簡単に言えば、「鶏口となるも牛後となるなかれ」という言葉を引き合いに、「王たるものがそれでいいのか」と蘇秦は言っているわけです（ちなみに「鶏口となるも牛後となるなかれ」ということわざは、この『史記』の記事によるものです）。

こうした道徳のフィーリングを、現代に当てはめれば、まさしく「人として正しい」と聞いてイメージするようなもの、ということになります。例えば、「盗みはよくない」「ウソはよくない」「約束は守るべきだ」「人を傷つけてはいけない」などなど。

大多数の人は、内面においてこういった道徳的な価値観で結びついています。だからこそ、こういった大義名分を引き合いに説得されると、人は受け入れざるを得なくなるのです。

すべては自分の「謀」のために

こうした道徳による「内揵」は、現代でもそこら中で見られます。

例えば、最近の企業はよく「社会貢献活動」をアピールしますが、これなど「自分たちの営利活動が〝いいこと〟に還元されている」と示すことで、その会社のために金を使うことを、大衆の心の内側に受け入れさせているわけですし、政治家が自らの政策について「困っている○○のため」などと大義をアピールするのも、それがなければ有権者に「内揵」を作ることができないからです。

もっと言えば、現代の会社内の会議においても、「金さえ儲かればなんでもいいんだ！」というアイデアよりは、「消費者にもメリットがある！」と主張するアイデアのほうが基本的には受け入れられやすいでしょう。これも道徳に基づいた「内揵」を利用した言い分だからです。

いつの時代も、道徳は言葉で人を動かす際の原動力として、非常に便利なのです。

あとは、『鬼谷子』にも「そこに様々な人の見解を引用してまじえ、狙いに応じて足したり引いたりし、相手を説得し、その結果に従って去ったり就いたりすればよい」とあるように、それを自分の「謀」のためにどうアレンジするか、です。

4章

「揣《し》摩《ま》」

——感情の「割り符」で人を動かす技術

4-1 心のツボを刺激して人を動かす「揣摩」の術

『鬼谷子』には、前章で見た「内揵」を利用した方法の他にも、感情を利用して相手を動かす技術も出てきます。

それが「揣摩《しま》」の術。これこそ、蘇秦が身につけたと記録される相手を動かす神秘的弁論術の中身です。

「揣摩」の術とは、相手の心の中にある「内符《ないふ》」がどんなものかを「揣《し》」の術で探り、それらを「摩《ま》」の術で揺り動かし行動に駆り立てる技術です。『鬼谷子』は、以下のように言っています。

「摩」とは、「揣」を使った術である。「内符」とは、「揣」において最も重要なものである。

この術を使うには原理があり、その原理とは「表に出ない」ということである。ひそかに相手を「摩」するには、相手の欲するところを使う。欲するところをはかり、これを探れば、相手の「内符」は必ず応じるだろう。

　応じれば、必ず相手は動く。そこで、ひそかに去るのだ。（摩篇第八）

　ここにもあるように「内符」とは、相手の心の中にあるもので、そこを言葉でつかれると思わず反応してしまうような一種のツボのこと。これを「揣」の術で探り、「摩」の術において、言葉で動かす。これが「揣摩」の術なのです。

極意は「表に出ない」こと

「この術を使うには原理があり、その原理とは「表に出ない」ということである」とあります。

「揣摩」の術は、相手の前に出て使う、という意味では「陽」の術です。

ただし、それを支えるのは、「表に出ない」「ひそかに相手を「摩」する」「ひそかに去る」という「陰」の姿勢、目に見えない「内符」を制することで、相手を動かすという「陰」の原理です。ここでも、「聖人の道は陰にあり」という『鬼谷子』の基本原則は貫かれているのです。

『鬼谷子』は、「摩するのはこちらだが、内符が応じて動くのはむこうである。こうしたあり方に従って、これを利用すれば、どんな「事」でもできないことはない」（摩篇第八）と言っています。つまり、あくまで動くのは相手、「陽」に出るのは相手でなければいけないのです。

では、その「揣摩」の術とは具体的にはどのようなものなのか？

まずは、鬼谷子の弟子である蘇秦と張儀のエピソードから、実際の「揣摩」の術がどういうものだったのか見てみましょう。

蘇秦が張儀に使った「揣摩の術」

時は、趙に仕官した蘇秦が最も有力な秦に対抗するために、合従策で他の諸国を同盟させた頃です。

蘇秦は、まだここで秦に同盟側を攻められてしまっては、同盟が壊れてしまうと心配しています。そこで、同じく鬼谷子に学び、遊説で身を立てようとしていた張儀を秦の側に仕官させ、暴挙に出ないように抑えさせたいのですが、困ったことに張儀は自ら秦に売り込んで仕官するほどの野心家ではない。

そこで蘇秦は揣摩の術を使います。蘇秦は人をやって、張儀が自分を訪ね、口利きを頼むよう仕向けます。以下は『史記』の記述です。

張儀は趙へ出かけ、蘇秦に面会を申し込んだ。だが、蘇秦のほうでは家来に、「彼が来ても伝達するな、ただし帰してしまってもいけない」と言いふくめ、数日そのままにしておいてから、やっと面会した。

蘇秦は張儀を屋敷の庭先にすわらせ、下男下女と同じ食事を与えておいて、口を極めてこう非難した。

「おまえほどの才能がありながら、自分で自分を辱め、とうとうこのざまではないか。おれが口をきいてやれば、おまえを富貴にしてやることもできないわけじゃない。だが、おまえには引きたててやるだけのねうちがないんだよ」

そして、そのまま蘇秦は張儀の頼みをことわって帰らせた。

蘇秦の元にやってきたときには、自分のために古い友人からなにかしてもらうつもりだったのが、かえって辱められたのだ。

張儀は怒った。

考えてみれば、諸侯のうちには、張儀のなすべきことを可能にするような国はない。ただ、秦だけは、蘇秦のいる趙を苦しめることができる。

そんなわけで、張儀は秦に入国したのである。（『史記』張儀列伝第十）

これこそ蘇秦が張儀を言葉で動かし秦に仕官させるために用いた「揣摩」の術なのです。蘇秦は張儀に向かって、一言も「秦に行って仕官しろ」とは言っていません。にもかかわらず、「張儀を秦に仕官させる」という自分の「謀」（策略）を成功させています。

これこそが、「張儀」の心にある内符を揺り動かして、「陰」から動かした「揣摩」の術の力なのです。

ではなぜ蘇秦は張儀をこのように動かすことができたのか？

適宜、この事例に立ち戻りながら「揣摩」の術の内容を詳しく見ていくことにします。

4-2 周りの情勢をはかる「揣《し》」の術 I 「量権」

冒頭でふれたように「揣摩《しま》」の術は、「揣」の術と「摩」の術とに分かれます。「揣」とは、相手を言葉で動かすに当たって、周りの状況や相手の本心を探ること、「摩」とは、具体的に相手を動かすことをそれぞれ指すものでした。「揣」を行って、それをもとに「摩」を行うのです。

そこで、まず「揣摩」の術の第一段階である「揣」の術から見ていきましょう。『鬼谷子』はこう言っています。

いにしえのうまく天下を利用した人物は、必ず天下の情勢をはかり、各国の実力者の本心をはかった。
情勢をはかること不十分ならば、誰が強く誰が弱いのか、なにが軽んじられなにが重んじられるのか、その比較を知らないことになり、本心をはかること

「揣」の二種類

量権	揣情
周りの情勢をはかる	相手の本心をはかる

不十分ならば、人の内面になにが隠され、どんな変化があるのか、その動きを知らないことになるだろう。（揣篇第七）

ここにある通り、「揣」には、「情勢をはかる」、「本心をはかる」という二つの面があります。これをそれぞれ「量権」と「揣情《しじょう》」と言います。「揣」の段階で、この二つの観点から状況を見ることで、相手の中の「内符」がどういうものか？　なにに反応してどう動くのか？　をはかるのです。

情勢が相手の行動を制限する

まず相手を動かすために踏まえなければいけないのが「量権」です。

これは一言で言えば、「揣摩」の術に関わる周辺の情勢を観察し判断することです。

これについて、『鬼谷子』は情勢のチェックポイントとして以下のようなものを挙げています。

「量権」とはなにか？

その意味は、大きいものと小さいもの、多いものと少ないもの、財力の有るところとないところ、人の多いところと少ないところ、豊富なものと足りないものをはかること。

また、立地の険しさ平坦さを見て、自分にとってどこが有利でどこが不利なのかをわきまえること。なにが長所でなにが短所なのかを「謀」に従って考えること。

主君と家臣たちの誰が親しく誰がそうでないのか、その中で誰が賢く誰が無能なのかをはかること。

外部からの人材の賢さについて、誰が優れていて誰がそうでもないのかをはかること。

また、時を見るに、どのタイミングが吉で、どのタイミングが凶なのか。

各勢力の交流の中で、どのつながりを使い、どれを使わないのか。

大衆の心がある者には就き、ある者からは離れていく中で、なにが安全でなにが危険なのか、なにを好みなにを憎むのか、そして無常の世の中でなにが確かなのか、を見ること。

これらを把握することを、「量権」というのだ。（揣篇第七）

量権とは、左の表にあるような項目に従って情勢をはかることです。

これらの項目は物事の持つ陰陽なのです。大きいものという「陽」があれば小さいものという「陰」があり、財力のあるところという「陽」があれば、その分だけ、ないところという「陰」がある。自分に有利な場所という「陽」があれば、不利な場所という「陰」があるのです。

このように「陽」があれば「陰」があり、「陰」があれば「陽」があるという視点から、自分を取り巻く情勢を観察し、なにを利用すべきか、避けるべきかを考え、誰をどういう言葉で動かすべきかを考える。

これが「揣」の術の一つである「量権」なのです。

先に見た蘇秦の例で言えば、蘇秦がこうした項目に従って「量権」し、張儀の行き

「量権」においてはかるべき情勢とは？

1	大小	なにが大きくなにが小さいのか。
2	衆寡《しゅうか》	なにが多くなにが少ないのか。
3	貨財有無	財力のあるところ、ないところ。
4	人民多少	人の多いところと少ないところ。
5	饒乏《じょうぼう》	なにが豊富でなにが不足しているのか。
6	地形之険易	どこが自分に有利な場所なのかどこが不利な場所なのか。
7	長短	なにが長所でなにが短所なのか。
8	君臣之親疎	上下関係の中で、誰が親しく誰がそうでないのか。 その中で、誰が有能で誰が無能なのか。
9	賓客《ひんかく》之智慧	外部から来た人材の中で、誰が有能で誰が無能なのか。
10	天時之禍福	物事のタイミング。
11	諸侯之交	上にいる人間の関係のどれが利用でき、 どれは利用すべきでないのか。
12	百姓《ひゃくせい》之心	下にいる人間、あるいは大衆の心の移り変わりの中で、 なにが安全でなにが危険なのか、なにを好みなにを 憎むのか、無常の中でなにが確かなのか。

先が情勢的に秦国以外にないということを把握し、それを「摩」するのに利用したからこそ「張儀を秦に仕官させる」という「謀」のための「揣摩」の術は成功したのです。

「摩」の術で相手を言葉で動かすとき、相手が実際にどう動くかはそのときの周りの情勢によって制限されます。だからこそ、うまくそうした情勢を利用し、相手が「そうせざるを得なくなる」という形に持っていくのが「揣摩」の術の極意の一つとなるのです。

4-3
相手の本心をはかる「揣」の術Ⅱ「揣情《しじょう》」

次に、もう一つの「揣」の技術「揣情」についてです。

「揣情」とは、相手を言葉で動かすための心の「内符《ないふ》」がどんなものかをはかる技術です。

「内符」とは、心の「内」側にある「(割り)符」という意味。その割り符に合った、もう片方の割り符となる言葉をぶつければ必ず反応する、という意味が込められた言葉です。そして、その相手の「内符」がどんな言葉に反応するのか? 内容は? 言い方は? こうしたとっかかりを探るのが「揣情」なのです。

思い切って言い換えれば、「内符」のありようとは、相手の感情の反応パターンだと言ってもいいでしょう。

先の蘇秦の例で言えば、蘇秦は張儀にわざと無礼な態度をとり、怒らせることで「摩」し、「秦に仕官する」という行動に駆り立てました。これが成功したのも、張儀が怒らせれば発憤する、言い方を変えれば、怒りに反応する「内符」の持ち主であることを把握していたからこそです。こうした、相手の「内符」のありようを把握するのが「揣情」なのです。

「変」があるとき「内符」を隠すことはできない

相手の「内符」のありようを探るためには、どんなところに注目すればいいのか？

『鬼谷子』は、人の好悪《こうお》というものに注目します。

「揣情」する（相手の本心をはかる）者は、相手が甚だしく喜んでいるとき、そこにおもむいてなにを欲しているのかを見極めるのだ。なにかを欲する気持ちを抱いたとき、人は本心を隠すことはできないのだから。

相手が甚だしく恐れているとき、そこにおもむいてなにを憎んでいるのかを見極めるのだ。なにかを憎む気持ちを抱いたとき、人は本心を隠すことはできないのだから。

人の本音や欲望は、必ず「変」（動き）として出てしまうものなのだ。（揣篇

第七）

つまり、相手の「内符」のありようは、その人の内面で感情の動きがあったときに見ればいいということです。

話をしているときに見せる感情。喜んだり、悲しんだり、悔しがったり、怒ったり。そこにはあからさまなものも、微妙なものもあるでしょうが、そうしたものが垣間見えたとき、そこから、その人がなにを好み、なにを嫌っているかを分析するのです。

例えば、相手が喜ぶのはどういうときか？　怒るのは？　悲しむのは？　嫌な顔をするのは？　なにが原因になっているのかを追究して考えれば、相手の「内符」がなにに反応するのか、そのパターンが明らかになるでしょう。

そうして明らかになった相手の「内符」のありように基づいて、どう「摩」するのか、すなわち言葉で動かすのかを考える。これが「揣摩」の術の基本的な考え方です。

それ自体もまた、こちらにとっては、観察した「変」からなすべき「事」が生じるという、1章で見た運動の一環だと言えるでしょう。

4-4 相手の欲するところを利用して「内符」を動かす「摩」の術

ここからは、「量権」ではかった周りの情勢、「揣情」ではかった相手の「内符」のありように基づいて、実際に相手を動かす「摩」の術、その具体的な内容を見ていきます。ここで、この章の冒頭に引いた文をもう一度、参照してみます。

「摩」とは、「揣」を使った術である。「内符」とは、「揣」において最も重要なものである。

この術を使うには原理があり、その原理とは「表に出ない」ということである。ひそかに相手を「摩」するには、相手の欲するところを使う。欲するところをはかり、これを探れば、相手の「内符」は必ず応じるだろう。応じれば、必ず相手は動く。そこで、ひそかに去るのだ。（摩篇第八）

「ひそかに相手を「摩」するには、相手の欲するところを使う。欲するところをはかり、これを探れば、相手の「内符」は必ず応じるだろう」とあります。

つまり、「摩」の術の基本は「欲するところ」を利用することなのです。この「欲するところ」には二つの意味があります。

1　相手の「事」

「欲するところ」というのは、大きなレベルで言えば相手の「事」です。「したいこと」「しなければいけないと考えていること」という相手の課題は、典型的な「欲すること」。蘇秦の例で言えば、張儀が鬼谷子に学び弁舌で身を立てようという人間だ、という前提があったからこそ、蘇秦の揣摩の術は成功したのです。

2　相手が感情的に好むもの

次に、もう少し小さなレベルで言えば、「欲すること」とは、その人が感情的に好むこと、やりたがること、ということになります。「揣情」で、相手の好悪に注目するのもこれを知るためなのです。

これも蘇秦の例で言えば、張儀が怒らせれば見返すことを好むような「内符」の持ち主であることを、事前に「揣情」し、それを利用したことも重要なポイントだったと言えるでしょう。

「物類《ぶつるい》、相応ず」

こうした相手の「欲するところ」に、合わせて「摩」することについて『鬼谷子』は「物類、相応ず」という考え方のもと、以下のように言っています。


説く者の話が聴いてもらえるのは、相手の本心に合うからである。だからこそ、「本心に合えば聴かれる」と言われるのである。

どんなものも、結局はそれがどんな種類のものなのか、なのだ。薪を抱えて火に近づけば、燃えやすい薪から燃える。平らな地に水を注げば、濡れやすいものから濡れる。

同じ種類のものがお互いに反応する「物類、相応ず」るさまを、現実における作用から喩えれば、このようなものだ。これは、「内符」の外からの「摩」に応じるさまが、こういう仕組みで成り立っていることを言っているのである。
（摩篇第八）

この同類のものが反応する、という原理は、2章で「象比」の術を紹介した際も「同声は相呼び、実理は同帰す」（同じ調子の声はお互いを引き寄せ、そこにある理屈は同じ結論に帰結する）という言葉とともに紹介しました。

「象比」の術では、こうした原理を「事」を言葉として引き出すために使いましたが、「摩」の術ではこれを行動を引き出すために使うわけです。そして、ここでも大切なのはつまり、相手に合わせて変わる千変万化の「円」の姿勢。

だからこそ、『鬼谷子』では、次項で見るように、相手に合わせた十もの「摩」の術を紹介しているのです。

4-5 「摩」の十法とはなにか?

こうした「欲するところ」を利用して「内符」を動かす、その具体的な方法について、『鬼谷子』は相手の「内符」のありよう、「欲するところ」に応じた十の方法を挙げています。

1「平」

「平」とは、相手の不安を払拭するような(平らげるような)言葉で、安心させて相手を動かす方法。『鬼谷子』では「平は静なり」と説明され、これは「不安を払拭するとは、相手の心を静めることだ」という意味です。

相手が不安を抱えた人物でそれを解消するようなものを欲しているような場合、そうした案を提示すればその通りに動くでしょう。蘇秦や張儀風に言えば、「心中お察しします。ところで、ここにあなたさまの胸中のもやをはらすよい策がございます」といった感じでしょうか。

2 「正」

「正」とは、言い分の正しさそのもので相手を動かす方法です。「正は宜なり」とあり、「正しいとは、時宜にかない、課題に対して最も適当なことだ」という意味です。

相手がなによりも言い分の正しさを欲しているような場合は、真正面から正論を提示することで相手を動かします。蘇秦や張儀も、各国の王を説く際、「量権」ではかったであろうその国の地理や人口、産物、兵力などの情報をもとに、正論を説いています。

3 「喜」

「喜」とは、相手の喜んでいる状態を利用して動かす方法です。本文には

「喜は悦なり」とありますが、これは同義の反復で「喜という方法は、悦ばすことだ」という意味。

もとより相手が喜んで気分のいい状態にあれば、すかさずこれに近づいてその状態を利用すればいいでしょうし、そうでないのなら、こちらの言葉で喜んでいる状態を作り出してもいいでしょう。この方法は、「気分で態度が変わる」というような相手に適応する方法です。

4「怒」

「怒」とは、怒らせ挑発することで相手を動かす方法。「怒は動なり」とあり、「怒りには、抱くと思わず動いてしまうような作用がある」という意味です。

「揣情」の結果、相手が挑発に乗りやすいような相手であれば、「怒」は動かすのに有効でしょう。ちなみに、すでに述べたように先の例で蘇秦が張儀に用いたのは、この方法です。

5「名」

「名」とは名誉をちらつかせることで相手を動かす方法です。「名は発なり」と説明され、これは「名誉には、相手の行動を外に発せさせる力がある」という意味。

相手が名誉を欲するような場合に使う術です。

記録を見ると、古《いにしえ》の縦横家も王に向かって、「○○することが賢明な王にふさわしい」、「○○すれば、天下も御名を認めましょう」のような言い方をよくしています。

6「行《こう》」

「行」とは、財力や刑罰の行使といった言葉以外の「陰」の要素をちらつかせることで相手を動かすこと（1－5参照）。本文には「行は成なり」とありますが、「行いとは、現実に姿を成すことだ」という意味。

言葉で動かすのが難しいような相手に使います。

兵法家の孫武は、王の前で宮廷お抱えの美女たちを使って兵の動かし方を披露した際に、命令通りに動かなかった美女の首を切ってみせましたが、これなど「行」によって美女たちを「摩」した例でしょう。

7「廉《れん》」

相手の道徳観に訴えかけて、動かす方法です。「廉は潔なり」とあり、これはほとんど同義反復で「「廉」とは、善悪のけじめのあることだ」という意味になります。

相手が道徳的な言い分を好むような場合は、この方法を使います。3章で紹介した道徳で作った「内揵」による説得など、見方を変えれば「廉」による「摩」の術です。

8「信」

結果への信頼、誰かへの信頼に基づいて相手を動かす方法。本文には「信は期なり」とあり、これは「信とは、「そうなるだろう」という期待である」という意味。

すでに話し手自身の信頼があれば、それを利用するのもいいでしょうし、なければ、あらためて言葉で信頼するように仕向けてもいいでしょう。「あなたが動けば、彼も加勢すると約束してくれています」などと他人の約束や契約を利用するのも有効です。

9「利」

利益をちらつかせて相手を動かす方法です。当然、利益を欲している人に使います。「利は求なり」とあり、「利益は、それを求める気持ちを生む」という意味。まあ、これについては、現在でもよく使われるもので、あまり説明の必要もないでしょう。

10「卑」

これは下手《したて》に出て相手を動かす方法。「卑は諂《てん》なり」といい、これは「卑とは、相手にへつらう方法である」という意味。地位の高さのせいで周りが下手に出ることが前提となっているような相手、あるいは、立場が低く、下手に出られることに慣れていないような相手にも有効です。

ちなみに、実際の歴史書などをひもといても、これらの方法は、単独で使うよりも組み合わせて用いられていた、と考えるほうが自然でしょう。すなわち、「卑」にして「正」、「平」にして「利」、「廉」にして「名」などなど。「揣情」した結果、あらわれてきた相手のパーソナリティに合わせて、ブレンドすることで無限に変化させて用いるのです。

「揣摩」は聖人の術

この章で紹介した「揣摩」の術は、見ようによっては当たり前のものに見えるかもしれません。

ただし、問題は相手や情勢を「揣」し、それに合わせて「摩」するという、「物類、相応」じた使い方なのです。これは意外に修練が必要なことなのかもしれません。

『鬼谷子』も次のように言っています。


聖人だけが用いるとされるこの方法は、誰もが使えるようなものだ。しかし、それで成果を出す者がないのは、使い方の間違いなのである。（摩篇第八）

4-6 相手を知ることは、己に始まる

ここまで「揣摩」の術による他人の心の操り方を見てきましたが、ここで番外編的に、自分の心の操り方についても触れておきましょう。

他人を知るには自分の「先定《せんてい》」から

相手と話をしているときに、相手は十分に話をしてくれているのに、その意図や内心が理解できず「どういうつもりでこういうこと言ってるんだろう?」と疑問に思って、困惑する場面はあるものです。

これは、相手に応じての柔軟な視点の変化と、自分の「先定」ということができていないからだと、『鬼谷子』は言います。

あるときはこちらの視点から、あるときはあちらの視点から、あるときは上に仕えるような視点から、あるときは下を養うような視点から。

このように相手の真偽を聴き分け、気持ちが通じているかを知り、本心から話しているのか、偽っているのかを理解するのだ。

相手の動作、話し方、黙り方、これはすべてその人間の本心に対応する形であらわれ、喜怒の感情もまたその人間の本心に従って、なににどう反応するかのパターンをあらわす。

これらを把握するには、「先定」を法則としなければいけない。（反応第二）

『鬼谷子』は、相手の発言を様々な視点から考えることが、本心をつかむための極意であると説きます。

相手の立場から見たらどうか？　それとも違うあの立場から見たらどうか？　上から見たらどうか？　下から見たら？　逆に見たら？

つまり、ここでも大切なのは、一つの視点にとらわれない千変万化の「転円《てんえん》」の姿勢なのです。こうした姿勢の中で、相手の言葉の意図や、そこから見える本心を把握していく。ただし、この「転円」の姿勢には、「先定」ということが必須の条件になると言っています。

「先定」とは自分の「軸」を保つこと

「先定」とはなにか？

それは、千変万化しながらも、「自分」という軸を保つことです。いろいろな見方をしたからといって、自分というものがしっかりと定まっていなければ、その見方自体に巻き込まれて、いつのまにか自分の「謀」（策略）を見失ってしまいます。

戦国の縦横家も、様々な国の立場に立ち、時には敵国の立場になって、物事を考えたり語ったりしますが、その中でも自分の「謀」を見失うということはしません。すべては自分自身の「謀」のためなのです。

だからこそ、自分を「先《ま》」ずしっかりと「定」める。そうやって、はじめて、他人の内面をうかがうことができ、自分の「謀」に従って人を動かすことができるというのが、『鬼谷子』の教えなのです。

自分の心で他人の心を照らす

また、『鬼谷子』は、「先定」について以下のようにも言っています。

相手を知ることは、己に始まる。己を知って、はじめて相手を知ることができるのだ。（中略）己を「先定」しなければ、正しく人をおさめられず、「事」も実行して的外れになるだろう。

これを「心を忘れて、道を失う」というのだ。

己をよく「先定」して、それから、人をおさめる。そうすれば、策を用いて形なく、その出入りを見る者もいないという状態になる。これを天のような働きというのだ。（反応第二）

ここに「相手を知ることは、己に始まる。己を知って、はじめて相手を知ることができるのだ（之を知るは、己に始まる。自ら知りて、後に人を知るなり）」とあるように、他人を知るには、自分をよく知るということが肝要になってきます。

それがなければ、「心を忘れて、道を失う（忘情失道）」、つまり、相手の心や自分の心を見失って、進むべき道を見失うという状態になるのです。

そもそも他人の心は、自分の心の影にすぎません。

「陰陽」で言えば、自分の心は、それ自体で明らかであり、また他人の心を照らすものとして「陽」であり、他人の心は、自分にとって隠されたものであり、照らされてはじめてあらわれるものとして「陰」なのです。

したがって、自分の心の反応パターンをしっかりと把握できていなければ、他人の心は分からない。

このことは、普段、相手の言葉から気持ちをどういうふうにはかっているかを考えれば、分かるでしょう。こういうとき、私たちは、相手の言葉を聴き、自分だったらどういう気持ちなのかというパターンに瞬間的に当てはめて考えて（感じて？）います。

つまり、言葉から他人の心をどれだけはかれるかは、自分の心を把握する緻密さによるのです。

自らを「揣情」する

では、自分の心の反応パターンを知るには、いったいどうすればいいのか？それについて『鬼谷子』は、具体的なことを書いていませんが、『鬼谷子』の技術に通底する「陰」と「陽」という考え方を参照すれば、自ずと明らかです。

相手の内面（陰）に対して使えるものは、自分の内面（陽）についても使用可能。つまり、自分に対して「揣情」を行えばいいのです。

自分の気持ちを観察し、どういうときに「変」（動き）があるのか、自分はなにを喜び、なにを嫌うのか、どういうメカニズムでそれが態度にあらわれてくるのか、そうした感情の動きを観察し、自覚していく。

それを緻密にすれば、人間の心に関する理論もまた深くなり、相手の心に対する観察もそれが投影される形で緻密になるでしょう。自分を観察することは、はじめにしておかなければいけない人間観察なのです。

5章　「忤合《ごごう》」と「抵巇《しぎ》」

――一〇〇%安全をはかる身の処し方、去就の操り方

5-1 去就を「内」と「外」でコントロールする

1－7で見た手順にあるように、『鬼谷子』の技術では、事前の「陰」を整えたあとに、相手の前に進み出、相手を動かしたら速やかに去るという「去就」の立ち回りも大事な要素になっています。

そこでこの章では、情勢や人間関係の中で、安全に立ち回るための「去就」についての技術をご紹介します。

「去就」の基本は、何度も書いているように、抱えている「事」（課題）がこちらの「謀」にマッチしている相手には就き、そうでない相手からは速やかに離れる、ということです。

「「事」に合わないところがあれば、聖人は「謀」をしない（事、合わざるものあらば、聖人、謀を為さざるなり）」（内揵第三）というのが、「陰」の安全圏を最大限に利用する『鬼谷子』の教えなのです。

「内」と「外」を使い分ける

では、相手に就いたり、離れたりその去就をコントロールするには、どうすればいいのか？　ここで出てくるのが、「内」と「外」の使い分けです。『鬼谷子』はこう言っています。

相手に就こうと思うなら「内」を用い、相手から去るのならば「外」を用いる。「外」と「内」の使い方は、すべて基準がはっきりしているのだ。

将来に鑑みて「謀」をはかり、就くか去るかを決断する。そうすれば、「謀」をして決して失敗せず、功成り、自らの徳を示すことになる。(内揵第三)

「相手に就こうと思うなら「内」を用い」というのは、つまり、相手の心をはかり、それに受け入れられるような話し方を用いるということ。これは、今まで見てきた内容です。

ここでのポイントは、「相手から去るのならば「外」を用いる」ということです。

この「外」というのは当然「内」の反対の概念なわけですが、これは、相手の心の内側（「内」）に受け入れられない言い分、という意味です。

つまり、相手と距離を置きたい場合は、相手の心にそぐわない「外」の言い分をそれとなく言っていくことで、価値観の相違を匂わし、会話の「反覆」を不活発化させ、自然と「閉」の状態に傾けていくこと。

例えば、「隣国を滅ぼす」という強い「事」を持った王に対しては、「隣国を攻める」という言い分は「内」であり、「和睦を結ぶ」というのは「外」でしょう。したがって、相手から去りたければ、「和睦を結ぶべきだ」というニュアンスを言葉から匂わすことで、自然と距離を作ることができるわけです。

ただし、現実的な適用を考えれば、「あなたは間違ってる。和睦するべきだ」などとハッキリと言うのは禁物。それでは、相手の反感を生み自分の身を危うくします。その点で、『鬼谷子』の教えに反するでしょう。

大切なのは、自分から一方的に去らないことです。あからさまに去るような行いは恨みを生み、恨みは禍根を残します。必ず、自然と距離ができるようにしなければいけないというのが、『鬼谷子』の教えなのです。

「外」の状態での弁舌は身を危うくする

「内外」に関する『鬼谷子』の教えとしては、次の指摘も重要でしょう。

「身が「内」にあって、「外」を言う者は疎んじられる。身が「外」にあって、深い話をする者は危うくなる（其の身、内にして、その言、外なる者は疎んぜらる。其の身、外にして、其の言、深き者は危うし）」（謀篇第十）

前半は、相手と近い内部の立場にありながら、受け入れられない言い分ばかり言う者は疎んじられるということ。これは先にも書いたことです。これを利用すれば、相手から自然に去ることができるわけです。

ここで重要なのは、後半の内容でしょう。

「身が「外」にあって、深い話をする者は危うくなる」というのは、相手と特別結びつきもない外の立場で、あまり内部に関わるような深い話をするのは危険である、という意味です。

これは、簡単に言えば、「よそ者が口を出すんじゃない」と言われるような状態で、弁舌をふるわないということ。

0章でも触れましたが、蘇秦が最後に暗殺されたのは、この教えを守らず、斉という国の客分でありながら、王に近づき弁舌をふるいすぎて、周りの家臣たちと王の寵愛《ちょうあい》を競うような状態になったからでした。

だからこそ、まずは自分の立場を確認すること。安全に弁舌をふるうためには、これが大切なのです。

5-2 人間関係は「忤合《ごごう》」の原理で操る

誰に就き誰から去るかについての正しい判断は、自分の身を守りつつ、人を言葉で動かす『鬼谷子』の技術には必須のものです。

それには、あらゆる人間関係や情勢の力学の根幹にある「忤合《ごごう》」という基本原理を知らなければいけません。これに自覚的でいないと、自分が想定していない敵を生むこともあるのです。

「忤合」とは、簡単に言えば、誰かに就くことは、誰かに背くことと表裏一体であるという原理のこと。陰陽で言えば、誰かに就くという「陽」は、誰かに背くという「陰」を生む、あるいは、ある立場に立つという「陽」は、必ず反対の立場に背く「陰」をともなうということです。

「謀」をなすのに両方をとることはできない

『鬼谷子』は、自分の「謀」（策略）のために人を動かしたいのならば、自分の人間関係を固定的にせず、「忤合」の原理を利用して渡り歩かなくてはいけないと説きます。

世の中に永遠に貴いものなどなく、「事」をなすのに決まった手本などない。聖人は決まったなにかを与えるのではなく、時に応じて必要なものを与え、決まった手本から教えを聴くのではなく、その時に応じた手本から教えを聴くのだ。

「事」が現実化できるような「謀」に合う相手ならば、誰であろうとこれを主とする。ただし、こちらに就けば、あちらを離れることになるのだ。「謀」をなすのに両方をとることなどできず、ある立場になった瞬間に、ある立場に背くことになるのである。

こちらに就くことで、あちらに背き、こちらに背くことで、あちらに就く。忤合とはそういう術なのである。（忤合第六）

要は、人を言葉で動かす「謀」のために人間関係を考えるには、「誰に近づこうか」「誰から離れようか」などという単線で考えるのではなく、もっと人間関係の「陰陽」を意識し、面や立体で把握するべきだということです。

具体的に言えば、味方と敵の陰陽の中で、

「この人の味方になったときに、誰が敵になるか」

「この人を敵に回したときに、誰が味方になるか」

「この人に近づくためには、誰を敵にすればいいか」

「この人と距離をとるには、誰を味方にすればいいか」

という具合に人間関係を見ること。これが「忤合」という考え方です。

そのようにして、人間関係の力学を渡り歩き、「事」が「謀」に合い、言葉で動かせる人間を探し求める。これが『鬼谷子』の教えなのです。

自分の才能、能力、知恵を把握することから始める

また、付け加えれば、誰に就き誰から離れるべきかを知るために、もう一つ重要な

のが、自分を知ることだと『鬼谷子』は言っています。

「忤合」の道では、必ず、自らの才能、能力、知恵をはかり、それを踏まえた上で周りの人間の長所と短所、人間関係の構図、誰が誰にどの点で及ばないのかをはかるのだ。そうすれば、進むことも退くことも、周りを縦につなげることも、横につなげることも思いのままなのである。（忤合第六）

自分の才能、能力、知恵というものを把握し自覚してから、周りの人間の能力や人間関係をはかることで、はじめて誰と組むのが相性がいいのかが見えてくるのです。相手の短所を補うような長所を持っておもむけば用いられるでしょうし、自分の不得意なものが求められる場所には、行ったところで活躍することはできません。これは、現代の就職活動などでも同じことでしょう。

5-3
『鬼谷子』の友敵理論

『鬼谷子』には、以上のような「忤合」の原理の他にも、利害関係の中で、誰と誰が敵になるのか、あるいは味方になるのかに関する以下のような教えもあります。これもまた、誰に就き誰から離れるべきかの「去就」の指針となるものでしょう。


狙いを同じくして、お互いに親しい二人は、協力して「事」をなす。

欲しいもの同じくして、お互いを疎んじているようなときは、どちらか一方が害されることになる。

同じものを敵視していてお互いに親しければ、協力してそれを害そうとする。

同じものを敵視していて、お互いに疎んじていれば、一人でそれを害そうとする。

お互いを益するものは親しくなり、お互いを損なうものは疎んじるようになる。

こうした原則があるからこそ、誰と誰が考えを同じくして就き、誰と誰が考

えを異にして離れるかを察することができるのだ。(謀篇第十)

『鬼谷子』では、これらの原理を利用して、周囲の人間関係の動き(「変」)をはかり、自分が誰に就き、なにを説くべきかを考えるわけです。

理論の実践

戦国の縦横家も、この『鬼谷子』の理論に則り、どの王とどの王が同じものを欲しがっているのか、あるいは同じものを敵視しているのかを縦糸とし、どの王とどの王が親しく、どの王とどの王が険悪な関係にあるのかを横糸にして、誰にどんなことを言えば動かせるのかをはかったのでしょう。

例えば、同じ土地を欲しがっている険悪な関係にある二国があれば、そのどちらの王も相手の国を害するような策を説かれれば、用いるでしょう。

また、同じ国を敵視している二国であれば、お互いを親しくささえさせれば、ともに協力してその共通の敵国を攻めさせることができるのです。おそらく、このような形でこの『鬼谷子』の友敵理論は、使われたのではないでしょうか。

5-4

「抵巇《しぎ》」の術

——身に迫る危険を事前につぶす技術

この章では、自分の身の安全を確保するための『鬼谷子』の教えとして、「内外」によって去就を操る手法、人間関係の力学である「忤合《ごごう》」の原理などを見てきました。

最後に、そうした術の一環として、「謀」を失敗させたり、我が身を危うくするものをいち早く察知するための「抵巇《しぎ》」の術というものを見ていきたいと思います。

何度も言うように、『鬼谷子』の教える、言葉で人を動かす術は、「陰」を熟知し、「陰」を利用して、「陰」の安全圏から人を動かす技術です。

失敗や危険についても、現実という「陽」となる以前の「陰」の段階で察知して避けなければいけません。

危険の兆し五つのパターン

「抵巇」というのは、現実に入った「ひび（巇）」に「手当てする（抵）」という意味の言葉で、危険を生じさせるような要因は、川となり大きな谷となる前のひびの段階でつぶしておく、という考え方です。『鬼谷子』は次のように言っています。

「巇」とは、ひびであり、ひびとは谷を流れる川である。谷に流れる川は、はじめ細くてもやがて谷間を深く大きくするだろう。

ひびの始まりには、必ず「陰陽」の変化の兆しがある。

ここで手当てしてふさぐのだ（塞）。手当てしてしりぞけるのだ（却）。手当てしておちつけるのだ（息）。手当てして隠すのだ（匿）。手当てして我がものにするのだ（得）。これが「抵巇」というものの原理である。（抵巇第四）

ここでは、「抵巇」について五つのパターンに分類しています。

これを後世の学者の注に従って解釈すると、これは危険の芽というものの種類とその対処法の分類だということになります。

1「内で生じたひび」……手当てしてふさぐ（「塞」）

自分の「謀」の中で生じた危険の芽は、速やかに別の「謀」をもってつぶす。

『鬼谷子』では、「塞」の例として、理想的な政治を行うことで国内の問題を解決していった、五帝という伝説の聖天子たちの事績が挙げられています。

2「外から生じたひび」……手当てしてしりぞける（「却」）

危険の芽が外から来たものであれば、すみやかにそれを排除する。

蘇秦が斉の国で暗殺されたのは、外から生じたひびとして、しりぞけられたのです。

3「下から生じたひび」……手当てしておちつける（「息」）

危険の芽が自分より下の立場の人間に由来することであれば、すみやかに、なだめ、おちつかせるような対策を講じる。

4「まだ小さいひび」……手当てして隠す（「匿」）

危険の芽がまだ誰にも気づかれていない小さなことであれば、気づかれないうちに一人で解決する。

5「手の施しようのないひび」……手当てして我がものにする（「得」）

危険の芽がすでに手に負えないほど大きくなっている場合は、むしろそうした状況を利用して「謀」を立てる。

『鬼谷子』では、その例として、暴虐で知られる夏《か》の桀《けつ》王を倒して政権を奪取し殷《いん》王朝を立てた湯王、同じく暴君だった殷の紂《ちゅう》王を倒して、周王朝を立てた武王の事績などが挙げられています。

ちなみに『鬼谷子』は、当時の戦国時代の状況について、

諸国の王が、お互いひびとなるものを手当てしようとすること、数え切れないほどである。今のこうした時代では、よく自分のひびに手当てできる者が上に立つのである。（抵巇第四）

と言っています。競争の中では、自分の危険をいち早く察知できる人間が勝つということです。

5-5 「陰陽」の「開閉」で危機を察知する

前項では、様々な「ひび」のタイプと対処法があることを見ました。しかし、そもそもそうした「ひび」にはどうやって気がつけばいいのか？

『鬼谷子』は以下のように言っています。


天地の合う、離れる、始まる、終わるという瞬間には、必ずひびがある。察せられないということはないのだ。これを察するには「開閉」をもってする。こうした原理を用いることができるのが、聖人なのだ。（抵巇第四）

つまり、危険の芽（「ひび」）は、なにかとなにかが出合ったり、離れたり、なにかが始まったり、終わったりするときにあらわれるということです。

『鬼谷子』は、それを察するために、「開閉」に従って物事を見るべし、と言っています。これはどういう意味なのでしょうか？

陰陽の入れ替わる瞬間をとらえる

ここでの「開閉」は、口の「開閉」ではなく、1－1で引用した『鬼谷子』冒頭に出てくる、聖人が見たという自然の摂理としての「開閉」のこと。「開」いて活発な状態と「閉」じて静かな状態の入れ替わり、つまり「陰陽」の入れ替わりを指します。「陰」と「陽」、「陽」と「陰」が入れ替わる瞬間には、身を危うくするような「ひび」があらわれるというのが、『鬼谷子』の教えなのです。では、どういうときが「陰陽」の入れ替わるときなのか？

そこで、1章でまとめておいた陰陽の現実へのあらわれ方の表を再び見てみましょう。

つまり、ここにあるような「陰」が「陽」に、または「陽」が「陰」に入れ替わる瞬間に、先に挙げたような五つの「ひび」が生じやすくなるということ。すなわち、内からか、外からか、下からか、まだ小さいか、手遅れか、なんらかの危険の芽があらわれてくるのです。

例えば、自分の仕える国が外の国を攻めるために兵を動かそうとしたとします。これなどは静から動、つまり「陰」から「陽」への入れ替わりの瞬間なのです。

そして、こうしたときにこそ、ひそかに内に作戦のまずさがあったり、外からスパイが入り込んだり、下の兵士たちに不満が出たり、と「ひび」が生まれているものなのです。

これは、戦争が終わるとき（陽↓陰）でも、誰かと会うとき（陰↓陽）でも、誰かから去るとき（陽↓陰）でも、話し合いで理想論から現実論に話題が転換するとき（陽↓陰）でも、話自体の始まり（陰↓陽）でも、終わり（陽↓陰）でも同じです。

要はこうした陰陽の変わり目に注目すること。そして、危険の芽はこうしたときにあらわれるということを意識し、素早く手当てをしておくこと。

これが『鬼谷子』の危険を現実化する前の「陰」の段階で食い止める「抵巇」の術なのです。

ふさげないひびからは逃げる

では、「ひび」を見つけたものの、すでにひびが手当てすることもできないほど大きくなっていて、かつ、それを「謀」に利用する（「得」）こともできない場合は、ど

陰陽の現実へのあらわれ方

陽		陰
「開」(話す)	⟷	「閉」(黙る・聴く)
動くこと	⟷	静止していること
始まり	⟷	終わり
会話のある状態	⟷	会話のない状態
気持ちを同じくしている	⟷	気持ちを異にしている
表に出る	⟷	隠れる
会う	⟷	去る
前向きな話	⟷	後ろ向きな話
理想論	⟷	現実論
大きなこと	⟷	小さなこと
既知のもの	⟷	未知のもの
自分の心	⟷	相手の心
言葉の力	⟷	現実的な力(罰則や財力など)

うすればいいのか？

『鬼谷子』は次のように言います。

世に手当てのしようもなければ、深く隠れて時を待つのだ。時が来て手当てのできるような状況になれば、そこではじめてこれについて「謀」をなす。

こうした行動の仕方であれば、上と合い、下を制することができるだろう。状況に応じて、それに従うように振る舞うことは、天地のために自然が変化するそのあり方と同様なのだ。（抵巇第四）

大切なのは、状況に応じる柔軟な「円」の変化。

無理なものをどうこうしようとは考えないことです。どうしようもないことに対しては、逃げて隠れる（「陽」→「陰」）。その際には、「内」と「外」を用いた去就の技術が役に立つでしょう。

そして、どうにかできそうなときが来たら、そこではじめて「謀」を立てる（「陰」→「陽」）。こうした陰陽の変化を操りながら、人を言葉で動かすのが『鬼谷子』の教えなのです。

6章　対話の本質はなにか？

——最も危険な罠にはまらないために

6-1 人に「説く」とはどういうことか？

『鬼谷子』には「権篇《けんへん》」という章があります。ここで、相手の前に進み出て話をする「陽」の段階における、会話の「反覆」についての理論や心構えが説かれています。

人に説くことは、人をたすけること

「権篇」は、まず「説」とはなにか？　そして「説」の段階において、必要になる話の種類を挙げています。

「説」（説く）とは相手に説くのである。相手に説くとは、相手をたすけることだ。

「飾言《しょくげん》」とは、別のものをかりて語るということである。別のものをかりて語るのは、言い分のある点を誇張したり、隠したりするためだ。「応対《おうたい》」とは、言葉を鋭くすることである。言葉を鋭くするとは、相手の言い分に素早く応じて論じることだ。「成義《せいぎ》」とは、言い分の筋道を明白にすることである。言い分の筋道を明白にするには、証拠に基づく必要がある。

また言葉の「反覆」の中で、お互いに相手の言い分をしりぞけようとすることもある。「難言《なんげん》」とは、相手の論をしりぞけることである。相手の論をしりぞけるとは、相手の言い分のここぞというところをとらえるということである。

（権篇第九）

まず『鬼谷子』は、「説」について「相手に説くとは、相手をたすけること（之に説く者は、之に資するなり）」と言います。これについては、ここまでの内容を見てくれば明らかなことでしょう。

『鬼谷子』の説く、言葉を支配し人を動かす技術は、根本的には相手自身の抱えている「事」を利用して、こちらの「謀」のために相手を動かすものです。

つまり、あくまで先にあるのは相手の「〇〇したい」「〇〇しなければ」という思いであり、こちらが相手に向かって話をするのは、そうした思いを明確化し、具体化し、現実化するためなのです。

だからこそ、「相手に説くとは、相手をたすけること」なのです。

6-2　会話に必須となる四つの心得

前項で見た箇所の中で、『鬼谷子』は「飾言」「応対」「成義」「難言」という会話で必須となる基本的な心得を挙げています。内容をまとめると以下のようになるでしょう。

それぞれについて、本文を整理した一文と解説を付してみます。

1「飾言」

「相手や第三者の言葉を、「益損」しながら引用すること」

これは、他人の言い分を自分のために利用する方法です。

最もポピュラーなのは、動かそうとする当の相手の言葉でしょう。

例えば、説得相手の王が「○○は許せない」と言えば、その言葉をとらえて「〇〇が許せないのならば、××するべきでしょう」と言う。ただし、ここで大事なのが自分の「謀」に有利な言い分をとらえること。不都合な言葉は流してしまうことです。これを『鬼谷子』の用語で「益損」と言います。

同様に、第三者の発言でも、自分に有利な部分があれば、そこを強調して（つまり、「益損」して）「〇〇はこう言っていた」と用いるわけです。

また、「飾言」の中でも、戦国の縦横家たちが、よく使うのが権威あるテキスト（本）からの引用です。例えば、『戦国策』（これは縦横家の説得のケースを大量に収めた作品です）の中にも、そうした例が数多く出てきます。その中の一つを紹介しましょう。

春秋時代末期・晋国の智伯という横暴な君主が配下の魏国の桓子という人物に土地を要求し、桓子が応じなかったという出来事がありました。その際、部下の任章《じんしょう》は、『周書』という書を引いて桓子に向かってこう言います。

　君には土地をお与えなさいませ。智伯が驕り高ぶるに相違ありません。

驕り高ぶって相手の国を軽んじますと、隣の国々は恐れて互いに親しくするでしょう。互いに親しくする事でもって、相手を軽んずる国に立ち向かったならば、智氏の命脈も長くはありますまい。『周書』にも『これを敗ろうと思ったら、ぜひしばらく助けなさい。これを取ろうと思ったら、ぜひしばらく与えなさい』とあります。（『戦国策』魏二九三　林秀一訳）

現代でも名著の一節、有名人の名言などを引いたりして、「〇〇もこう言ってるよ」という形で自分の意見の説得力を増すということはあるでしょう。もちろん、その際にも大事なのは「益損」。自分に都合のいいものを引用し、都合の悪いものは無視するのが鉄則です。

2「応対」

「相手の言い分に素早く応じるために、言葉を鋭くすること」

「言葉を鋭くする（辞を利とす）」とは、言う言葉を簡潔で端的にすることを指します。つまり、相手を目の前にしての会話においては、相手の言葉や問いかけには、素早く、短く要領を得た言葉を返すことが大事だ、ということです。言葉に詰まるというのは、相手を言葉で動かす上では一つのタブーなのです。

3「成義」

「証拠に基づいて、言い分の筋道を明白にすること」

なにかを主張したり、説明したりする際には証拠やデータ、原文では「符験《ふけん》」となっていますが、これに基づかなければいけないと『鬼谷子』は言います。

例えば、蘇秦は燕の王に向かって「忠実と信義があるために、かえって罪を受けることがある」と主張し、「そんなことがあるわけがない」と納得しない王のために、以下のような実例を話しました。

遠方の地で役人をしていたある男の妻は、夫の留守の間に不倫をしていた。

妻は不倫相手と添い遂げるために、毒酒を用意し、それを飲ませて夫を殺そうとした。下女は、食卓にその毒酒を運ぶことになったが、その下女はそれが毒酒だと気がついていた。

ただし、それを毒酒だと言えば、女主人を裏切ることになり、運べば男主人が死んでしまう。そこで、下女はわざと転んで毒酒をこぼした。それを見た男主人は怒り下女を五十ぺんも笞《むち》で打った。

蘇秦は、この話をしたあとに「(下女は) 上は男主人の命を助け、下は女主人の命も助けました。ところが笞打たれることは免れませんでした。忠と信あればとて罪を受けぬとは、どうして申せましょう」(『史記』蘇秦列伝第九) と言って、王に自分の主張を納得させたわけです。

この場合は、事例を証拠にしましたが、戦国の縦横家は周りの情勢を分析してみせたり、過去の偉人の名言や名文を引き合いに出したり、様々なものを「符験」として引用し、自分の主張を強める道具としていました。

4「難言」

「相手の言い分のここぞというところをとらえることで、相手の論をしりぞけること」

これは、反論の際の心得です。

反論のためには、相手の言い分をよくチェックし、弱い部分をとらえていかなければいけないと『鬼谷子』は言っています。

先ほども見た『戦国策』にも、以下のような、相手の言い分をとらえた「難言」の見事な例が載せられています。

申不害《しんふがい》という人物が、主君である昭候に従兄を取り立ててもらうように願い出て許可されなかったときのことです。主君である昭候はこう言いました。

> あなたが教えてくれたことと違うからなのだ。(中略) あなたは以前、私に(人を登用するときは)その人の功労に従って順序をよく見極めよと教えてくれた。そうしたところ、今、私にそのような要望があった。

どちらに従えばいいだろう。（『戦国策』韓三八六　著者訳）

こう言われたら、申不害はぐうの音もでないわけです。

これら四つの心得は、言葉で人を動かす場面だけでなく、それ以前のレベルの会話全般において必須となるものでしょう。それだけに、『鬼谷子』の技術においても、当然踏まえておかなければいけない事柄なのです。

6-3 智者の悪いところより愚者のよいところを用いる

「権篇」では、相手の言葉への耳の傾け方についても、教えています。

これこそ、「権篇」の主題であり、そもそも「権」とは、相手の言葉を「権（はか）」ることを意味しています。

では、相手の言葉のはかり方、聴き方について、『鬼谷子』はどのような教えを説いているのか？

用いるべきところを用いる

その基本的な考え方は、やはり「陰陽」に基づいたものです。

『鬼谷子』は、どんな人間の言い分についても、用いるべきところ（陽）と用いるべきでないところ（陰）が表裏一体となって存在していると説きます。

智者は自分の悪いところを用いず、愚者のよいところを用いる。自分のつたないところを用いるよりは、愚者の巧みなところを用いるのだ。だからこそ、「事」を成し遂げるのに困るということがない。

それが利益になると言う者は、そのよいところに従おうとしているのであり、害になると言う者は、その悪いところを避けようとしているのだ。

殻や甲羅を持った生き物の強さは、すべて殻や甲羅のその固さや厚さによっているのだし、毒虫の動きは必ずその毒という強みによっているのである。獣はそのよいところを用いることを知っている。人と話す者もまたそれを知って、用いているのである。（権篇第九）

ここで、『鬼谷子』は人の話を聴くに当たってまず、智者の悪いところ（陰）よりは愚者のよいところ（陽）を用いるという考え方を示し、こうした姿勢があれば「「事」を成し遂げるのに困るということがない」と言います。

これは比較的分かりやすい教えです。

ただし、次に続く、「それが利益になると言う者は、そのよいところに従おうとしているのであり、害になると言う者は、その悪いところを避けようとしているのだ」という一文は、前文とのつながりが分かりにくいかもしれません。

これは、要は、どんなものの中にもいいところ悪いところ（陰陽）の両面がある中では、それがどう言われるのかは話す者の見方次第なのだという教えなのです。

「聴く」ための三つの教え

つまり、整理すれば、ここでは、会話の中で相手の話を聴いていくための三つの教えが説かれているのです。

1 相手の話を聴き、参考にしたり、策を採用したりする場合も、相手が智者か愚者かにとらわれず、よいところを用い、悪いところを避けること。

2 他人のものの見方を参考にする場合、同じものを見る場合にも、陽の見方があれば、必ず陰の見方もあると理解すること。

3 そうした中で、自分の「謀」の助けになる話をとらえ、参考にし利用していくこと。もっと端的に言えば、自分にとって利のある話をとり、害ある話を避けること（「益損」）。

これら三つは、自分が上に立つにせよ、下に就くにせよ、人と話す者の必須の心がけなのだと『鬼谷子』は言っているのです。

では、具体的にはどのように相手の言葉を取捨選択していけばよいのか？　それについては次項から扱っていくことにしましょう。

6-4 害ある言葉の分析 I
——「佞」「諛」「平」「戚」「静」

「権篇」では、「説」の段階の会話の応酬（「反覆」）の中であらわれる要注意の言葉をいくつか挙げ、そうした言葉を使う相手の狙いについて解説しています。これらは、往々にして、前項で見た相手の言葉への取捨選択の上で、避けるべき害ある言葉になるのです。


「佞言《ねいげん》」する者は、諂《へつら》うことで自分を忠実であると見せようとしている。

「諛言《ゆげん》」する者は、博識さを感じさせる言葉で自分を智者であると見せようとしている。

「平言《へいげん》」する者は、決然とした調子を見せることで自分を勇敢な人物であると見せようとしている。

「戚言《せきげん》」する者は、相手の様子をはかって自分を信頼できる人物であると見せようとしている。

「静言《せいげん》」する者は、反論して言い負かそうとしている。

相手の意図に先んじて、相手のしたいことを受けて話すのが、〝諂《へつら》う〟ということである。様々な言い回しや言葉を引用するのが、〝博識さを感じさせる〟ということである。大胆に選択肢を絞り迷いを見せないのが、〝決然とした調子を見せる〟ということである。相手に応じて策を選び、「謀」を進言するのが〝はかる〟ということである。相手の十分でないところに先んじて、言い分をふさぎ非難することを、〝反論〟という。（権篇第九）

以上見た通り、『鬼谷子』は要注意の話し方について、「佞言」、「諛言」、「平言」、「戚言」、「静言」というものを挙げています。ここで、それぞれの相手の狙いについて、本文を整理した一文と解説を付して見ていきましょう。

1 「佞言《ねいげん》」……相手の意図に先んじてへつらう言葉

「相手の意図に先んじて、相手のしたいことを受けて話すことで、自分を忠実で

あると見せようとしている」

です。

この「佞言《ねいげん》」と次の「諛言《ゆげん》」は、相手に取り入ろうという人間の使う言葉です。

中でもこの「佞言」は、相手の気に入る言葉を並べ立てることで取り入る方法。ポイントは、相手の言うことに「イエス」と言うだけでなく、「相手の意図に先んじて」とあるように、相手がまだ口に出していない意図や欲望まで先取りして、それにかなうような内容を言うということです。

つまり、それを聞く側としては、あまりに相手が自分の意に沿うような話をしてくる場合には「自分を忠実であると見せようとしている」のではないかと気をつける必要があるのです。

2「諛言《ゆげん》」……博識さでへつらう言葉

「様々な言い回しや言葉を引用する博識さで自分を智者であると見せようとしている」

この「諛言」も「諛《へつら》う言」と書くように、相手に取り入るための言葉です。

博識さを感じさせるのが、なぜ取り入ることになるのか、一見すると分かりにくいかもしれません。しかし、実際の場面を想像してみれば分かりますが、上の立場の人間が、下の立場の人間を「博識だ」と認めるのは、往々にして自分にとって都合のよい知識を披露した場合です。自分に都合の悪い知識を披露する人間のことは、単に「厄介だ」としか思わないでしょう。

だからこそ、相手に「博識だ」と思われたい人間には、相手の意を受けた知識を披露することが必要になるのです。これが取り入ることで「博識だ」と思われる、あるいは「博識だ」と思われることで取り入る「諛言」です。

聴く側としては、こちらに都合のよい知識ばかり披露する人間は、博識というよりは、こちらに取り入ろうとしているのではないかと疑う必要があるというのが、『鬼谷子』の教えなのです。

3 「平言」……不安を払拭するような平然とした調子の言葉

「選択肢を絞って、迷いを見せず決然とした調子を見せることで、自分を勇者であると見せようとしている」

「平言」とは、分かりやすく言えば、「これしかない！」という感じを醸し出す言葉。『鬼谷子』はこうした言葉を使う人間について、自分を決然とした勇敢な人物だと思わせ取り入ろうとしているとして、注意を呼びかけています。

また、この「平言」は、4－5で見た「摩」の十法の一つ「平」を別の角度からとらえ直したものでもあります。つまり、「平言」を使う人間は、「これしかない！」と言うことで、相手を自分の「謀」のために言葉で動かそうとしているのかもしれないのです。

蘇秦は楚の国の王に合従の同盟に参加するように説得する際、様々な楚の国にとってのメリットを説いた上で、以下のように迫っています。

合従で他の国と親しめば、諸侯は土地を割いても、楚に仕えることになります。一方で、連衡が成就すれば、楚のほうが土地を割いて秦に仕えることとなるのですぞ。この二つの策には、大きなへだたりがございます。

二つのいずれを、大王さまはお選びなされましょうか？（『史記』蘇秦列伝第九）

これが「これしかない！」と「平」で摩することであり、また、これを「平言」ととらえるならば、こうすることで取り入ろうとする警戒すべき言葉だということになります。

実際、蘇秦のこの言葉に、楚王は合従の同盟に参加することを決め、その結果、合従の同盟は完成。諸国の王の信頼を勝ち得た蘇秦は、同盟の長に就任するのです。

4 「戚言《せきげん》」……相手を憂う調子の言葉

「相手に応じて策を選び、「謀」を進言することで自分を信頼できる人物であると

見せようとしている」

「戚言《せきげん》」は相手の状況を憂い心配した様子で、それに応じた対応策を相手に進言することで、信頼を勝ち得ようとする言葉（この場合の「戚」という字は「憂」と同じ意味です）。例えば、蘇秦は先述の楚の王を合従の同盟に引き入れようとする際には、このような言い方もしています。

合従の同盟ができれば楚は天下の王となり、連衡が成立すれば秦が皇帝となるのです。
それを、今、覇王の大業をなげうち、人に仕える悪名をこうむるというのは、それがしがひそかに思いますに、大王のおんためには取るべき策ではないと存じます。（『史記』蘇秦列伝第九）

つまり、あなたの状況を憂い、心配するからこそこのような策を献じているのだと、蘇秦はアピールしているのです。そして、こうした言葉もまた相手が自分を信頼させようとしている言葉だと、『鬼谷子』は教えているのです。

5「静言」……聞き手に回るような調子の言葉「相手の十分でないところに先んじて、言い分をふさぎ非難し、言い負かそうとしている」

この章の最初の項で、相手への反論である「難言」について、『鬼谷子』が「相手の言い分のここぞというところをとらえることで、相手の論をしりぞけること」と言っていることを紹介しました。

つまり、相手が聞き手に回る「静言」は、まさにその「相手の言い分のここぞというところをとらえる」ためのものかもしれないのだと、『鬼谷子』は警戒を促しているわけです。

これはとくに、対立的な相手と話をしている場合、当てはまる教えでしょう。

『鬼谷子』は、このように相手の言葉の意図、つまり、「陽」にあらわれた言葉の「陰」にまで踏み込んで分析を試みています。これもまた「陰」を重視し、それを利用して危険を避ける『鬼谷子』ならではの鋭さだと言えるでしょう。

6-5 害ある言葉の分析 II
――「病」「恐」「憂」「怒」「喜」

前項では、注意を要する相手の言葉として「佞言」、「諛言」、「平言」、「戚言」、「静言」の五つを取り上げました。これらは言うなれば、話の〝内容〟から見た害ある言葉です。

そこで、次に『鬼谷子』が挙げている、相手の話すときの様子、つまり〝話され方〟から見た要注意の言葉を見ていきましょう。

ここでは、「病」「恐」「憂」「怒」「喜」という五つのものが挙げられています。

受け入れるべきでない言葉には、五つのものがある。「病」というもの、「恐」というもの、「憂」というもの、「怒」というもの、「喜」というもの。

「病」とは、気が衰えて判断力を失った言葉のことである。

「恐」とは、恐れおののいて他に流されているような言葉のことである。

「憂」とは、一人ふさぎ込んで周りに本心を言わないような言葉のことである。「怒」とは、怒りのあまりむやみな行動をとるようになり、それがおさまらない様子の言葉である。「喜」とは、気分が高揚して、言うことが一貫せず、要点がはっきりしない言葉である。

この五つについては、相手の事情が詳細に把握できた場合にはこれを利用したり、また、利益があるのならば、こちらから敢えてこうした言葉を使うのもいいだろう。（権篇第九）

ここで挙げられているのは、俗に「感情的」と言われるような話し方です。『鬼谷子』では、感情的になることは、気の働きを乱すこととされ、その状態で話される言葉もまた、定まらず流されやすい真実味のないものとされます。

ただし、『鬼谷子』は「相手の事情が詳細に把握できた場合にはこれを利用する（精なれば、則ち之を用う）」とも言っています。

つまり、こうした真実味のない感情的な言葉、またそうした言葉を言うような相手の状態もまた利用する余地があるということです。そこで、『鬼谷子』のそうした言葉への分析、そしてその利用法についてまとめてみましょう。

1 「病《へい》」

「気が衰えて判断力を失った言葉」

現代的な言い方をすれば、「疲れている」状態での言葉のこと。

こうした言葉は、その人の本心とは言えず真実味がないということです。あとで元気になったときに、「いや、あのときは疲れてたから」などと前言撤回されたりもします。

ちなみに、ここで「判断力を失った」と訳した言葉は、原文では「神ならず」となっています。これは、自然の摂理と一体になっていない状態を指し、なにに対してもうまく判断力が働かない状態を言います。

ただし、こうした気の乱れた状態は他人の言葉に流されやすい分、これを言葉で動かす側にとっては好都合とも言えるでしょう。

2「恐《きょう》」

「恐れおののいて他に流されているような言葉」

恐れおののいているときの言葉もまた、本心とはほど遠い害ある言葉です。

必要以上に弱気になっての判断だったり、なにかに気をつかっての内容だったり、時には誰かに言わされての発言だったりするからです。

こうした相手から本音を引き出したり、言葉で動かすには、4章で扱った「摩」の術の一つ、不安を払拭する「平」の術が有効だということになります。

3「憂《ゆう》」

「一人ふさぎ込んで周りに本心を言わないような言葉」

ふさぎ込んでいる相手は、なかなか本心を周囲に明かそうとしないでしょうから、当然、その話の内容には真実味がないということになるでしょう。

ただし、これまでの『鬼谷子』の内容を鑑みれば、こうした相手を言葉で動かすのも、「象比」の術で相手の「事」をとらえ、「揣情」で「内符」のありようを探れば、可能になるのです。

4 「怒《ど》」

「怒りのあまりむやみな行動をとるようになり、それがおさまらない様子の言葉」

怒りにまかせての発言の内容に真実味がないことは、実感としても分かりやすいでしょう。こうした人間の言うことを参考にすることにはリスクがともないます。

ただし、相手を言葉で動かすという観点から考えれば、「摩」の術の一つに「怒」という方法があったように、怒らせて自分の「事」を暴露させたり、なにか言質をとったりするのは有効だということになります。

5「喜《き》」

「気分が高揚して、言うことが一貫せず、要点がはっきりしない言葉」

なにかで喜んで有頂天になっていたり、テンションが高くなっている状態の相手の言葉もまた信用できません。ただし、これもまた相手を言葉で動かすという観点から見れば、喜ばすことで相手を動かす「摩」の術「喜」に利用できます。

繰り返しになりますが、こうした言葉を捨てるにせよ、利用するにせよ、大切なのはこうした言葉を聴いたときに、なぜ相手がそういう状態になっているかを洞察すること。

また、さらに言えば、『鬼谷子』は「利益があるのならば、こちらから敢えてこうした言葉を使うのもいいだろう（利あらば、則ち之を行う）」とも言っています。

この言葉の意味は、こうした様子をわざと見せることで、相手の感情を動かすことができる、ということです。

例えば、縦横家風に考えれば、王に向かって「一刻も早く、この国を去りたいと思います」といかにも顔面蒼白の「恐」の様子で言い、訳を尋ねられて「隣国から侵略されるのも間近だからにございます」と隣国の脅威を訴え、相手にも「恐」の感情を植え付ける、といった感じでしょうか。

つまり、こうした感情的で真実味のない言葉も、「参考にならない」と切り捨てるのではなく、真偽と虚実の「陰陽」の中で積極的に使っていく。これが『鬼谷子』の教えなのです。

6-6

会話の「反覆」を活発化する

会話というものを効率で考えた場合、当然、一度の会話で相手から、どれだけ発言や行動を引き出せるか、が問題になります。そして、これもまた当然ですが、一度の会話で相手から多くのものを得るためには、その話自体が盛り上がらなければいけません。

この「話が盛り上がる」というのは、『鬼谷子』流に考えれば、言葉の「反覆」が活発になるということ。「反覆」さえ活発になれば、こちらの「反」（働きかけ）に対する相手の「覆」（フィードバック）は盛んになるのです。

『鬼谷子』は、会話の「反覆」を活性化する受け答えの仕方について、かなり具体的に言及しています。

智者には、博識をもとに話す。

博識な者には、弁舌巧みに話す。

弁舌巧みな者とは、要点をつくように話す。

身分の高い者には、相手の権勢を尊重して話す。

金持ちには、道徳や理想を話す。

貧しい者には、現実的な利益を話す。

身分の低い者には、謙虚な姿勢で話す。

勇気ある者には、タブーのない果敢な姿勢で話す。

愚か者には、端的に鋭い言葉遣いで話す。

これが人と語る際の「術」というものであり、こうすれば相手は常に反応するものだ。（権篇第九）

ここで挙げられている一つ一つの対応法について、具体的にはどういうことなのか、見ていきましょう。

1「智者には、博識をもとに話す（智者と言ふは、博に依《よ》る）」

智者は、広く深い知識に基づいたような話を喜びます。智者は自分の知らないことを知ることや、深く考えることを好むからです。だからこそ、智者を相手に話をする場合は、できれば、自分の熟知した得意分野で勝負をする必要があるわけです。知りもしないことを話してもすぐに見抜かれてしまいます。

2「博識な相手には、弁舌巧みに話す（博者と言ふは、弁に依る）」

そのときの話題について相手が知識豊かな専門家で、こちらには知識がないような場合は、弁舌の巧みさで話を盛り上げます。とくにウィットとユーモア、巧みな表現というようなものは、知識とはまた別の華やかさを会話に添えます。

3「弁舌巧みな者とは、要点をつくように話す（弁者と言ふは、要に依る）」

相手が弁舌巧みであるような場合、同じように弁舌の巧みさで対応しても、肝心の話の中身に実りがなくなったりしかねません。こうした場合は、相手の弁舌に巻き込まれず、「要はどういうことか」を把握し、そこを率直についていくことで、話に具体的な実りがあるよう導く必要があります。

4「身分の高い者には、相手の権勢を尊重して話す（貴者と言ふは、勢に依る）」

相手の身分が高い場合、例えば、戦国時代ならば相手が王侯であるような場合、現代で言えば役職などの格が上の人間を相手にするような場合は、相手の持っている権力や勢力というものを尊重した話し方をしなければいけません。

これは単純に相手をいい気分にさせるためというだけではありません。とくに、『鬼谷子』においては、こうした人間と話すのは相手の持つそうした力を恃《たの》んでのこと。つまり、相手のその力こそが主題なのです。それを尊重しなければ、借りられる力も借りられないでしょう。

5「金持ちには、道徳や理想を話す（富者と言ふは、高に依る）」

『鬼谷子』と同時代の思想をおさめた『管子《かんし》』という古典にも、「倉廩《そうりん》、実《み》ちて礼節を知る（人は、生活が豊かになって、はじめて礼儀や節度というものを重んじるようになる）」とありますが、道徳や理想といった話題は、基本的には生活にゆとりがある人間が喜ぶ話題なのです。

また、もう一つ言えば、相手に財力があるというのは、見方を変えれば、理想を実現する力があるということ。だからこそ、なおさら率直に「理想」を語り、それを実現させるよう、相手を動かす必要があるのです。

6「貧しい者には、現実的な利益を話す（貧者と言ふは、利に依る）」

前とは反対に貧しい者、生活に汲々《きゅうきゅう》としている者に理想を語っても、話は盛り上がりません。相手は、それよりも目先の利益についての話を喜ぶでしょう。まあ嫌な話ですが、これが戦国の縦横家の技術たる『鬼谷子』のリアリズムです。

7「身分の低い者には、謙虚な姿勢で話す（賤者《せんじゃ》と言ふは、謙に依る）」

普段、上から抑えつけられている人間の口を軽くするには、こちらが偉ぶらず謙虚な姿勢で話す意識がなおさら重要になります。そうすれば、相手も「この人は違う」と話をしてくれるようになり、言葉の「反覆」も活発化します。

8「勇気ある者には、タブーのない果敢な姿勢で話す（勇者と言ふは、敢に依る）」

勇気のある人間に対して、リスクに尻込みする姿勢で話すと、相手に軽蔑の感情を生み、「ともに語るに足りず」と口を重くしてしまいます。こうした相手とは、安泰な話題よりはチャレンジングな話題を語り合うことが必要です。

9「愚か者には、端的に鋭い言葉遣いで話す（愚者と言ふは、鋭に依る）」

愚か者には当然理解力がありません。智者と話す場合とは違い、できるだけ少ない知識を前提に、分かりやすく強い言葉で語らないと相手は反応しないのです。これなど、古今東西を問わず、権力者が大衆に語りかける場合の常套手段です。

このように相手のタイプに応じて、話し方や話題を選ぶことで、会話の「反覆」は活発化します。

そして、そのためにも、大切なのが事前の「陰」。つまり、これまで何度も触れてきたように、相手がどんな人間であるかを前もって把握し見極めることなのです。

7章

「本経陰符七術《ほんきょういんぷ》」

——言葉のやりとりは気の戦いである

7-1 戦国時代にも重視されたメンタルコントロール

『鬼谷子』には、「本経陰符《ほんきょういんぷ》七術」という言葉を操る上でのメンタルについて扱う章があります。これは、後世に付加されたもので、成立初期の『鬼谷子』にはなかったとも言われています。

しかし、それは内容が重要でないことを意味するわけではありません。

内容的にも、決していい加減なものではなく、他の文献と比べてみても、縦横家の活躍した時代の心（メンタル）についての思想が反映されていることは間違いないですし、むしろ「本経陰符七術」が付加されることで、言葉で人を動かす術としての『鬼谷子』の内容は、より完全になったのだとすら言えるでしょう。

いかに心を動揺させないか

『鬼谷子』がここで扱っているのは、心を動揺させない技術です。「いかに心を動揺させないか」というテーマについては、『孟子』にも以下のような条《くだ》りがあります。

公孫丑《こうそんちゅう》という弟子に、実際に大臣の座に就いて国の政治を動かすようになれば、孟子でも動揺することがあるのではないかと質問されての場面です。

(孟子)「いや、私は四十歳になったときから、心が動揺することはなくなった」

(公孫丑)「それが本当ですと、先生は勇士の孟賁《もうほん》よりはるかにまさっておられるわけですね」

(孟子)「そんな難しいことではない。告子《こくし》は、私より前から心が動揺しないそうだ」。(『孟子』公孫丑章句上)

ここから孟子は、北宮黝《ほくきゅうゆう》と孟施舎《もうししゃ》という勇士のエピソードを引き合いに勇気の鍛え方について説いていくわけですが、ここで注目したいのが、孟子より先に告子という人物もまた心が動揺しない術を身に付けていたということです。

告子については、詳細は分かっていませんが、『孟子』の別の箇所で孟子と論戦しているところを見ても、弁舌で世の中を渡り歩いた縦横家の一人であることは間違いないでしょう。

つまり、戦国の縦横家にとっては、「いかに心を動揺させないか」は共通の重要なテーマだったのです。それは戦国時代の思想を集大成した『管子《かんし》』にも「心術篇」などのメンタルコントロールを扱った篇があることからもうかがえます。

ただし、『鬼谷子』が「本経陰符七術」で説くメンタルコントロール法は、『孟子』や『管子』のものと比べても、弁舌をふるう中での理論として独特のものがあります。

では、『鬼谷子』はどんなことを言っているのか？

具体的な中身について見ていきましょう。

7-2 『鬼谷子』の説く心の構造

まず、『鬼谷子』のメンタルコントロール法を知るには、心がどのようなものとして考えられているのかを知らなければいけません。

『鬼谷子』は心の構造について以下のように考えています。

「神《しん》」が盛んになっているとき、五気（体内の気）が働いている。「神」がこれらを操り、心がこれらを宿らせ、徳がこれらを大きく育てる。「神」を養うというのは、結局この原理に基づくのだ。（本経陰符七術　盛神法五龍）

ここに出てきた心の各要素について、『鬼谷子』の内容に従って解説すると以下のようになります。

気（五気・心気）

体内を巡るエネルギーのこと。『鬼谷子』では、とくに心のエネルギーを指します。これがうまく心の中におさまりコントロールされている状態が理想とされます。

『鬼谷子』では、二人の人間が向かい合って話をする場合、「気」の巡りを乱されなかったほうが勝つと考えます。だからこそ、「気」を養って大きくし、勢いを強める必要があり、その方法論こそがこの「本経陰符七術」なのです。

心

「気」をおさめる容れ物。ここにうまく「気」がおさまっていないと、心が乱れます。『鬼谷子』にも以下のようにあります。

物事に区別をつけられるのは、目や鼻、耳などの感覚によっている。

そして、そうした感覚だけでとらえきれないことは、心の使い方でこれを知るのだ。
心に正しい使い方がなければ、必ずとらえきれないものが出てくる。それをとらえられるような状態になれば、すなわち五気を養うことができる。その大事なところは「神」を心にやどらせることにある。（本経陰符七術　盛神法五龍）
大切なのは、「心の使い方（心術）」です。
これがなければ、五感の情報以上のこと（例えば、相手の内心など）は正しく認識できなくなる。これが『鬼谷子』の考え方です。

そして、その「心の使い方」の最も大切な点は、「神」を働かせ、その「神」によって、心の働きをコントロールすることなのです。

神

「神」とは神様のことというよりは（そういう意味もないわけではありま

せんが)、「精神」というときの「神」で、心の中にある核となる部分のことだと考えたほうが分かりやすいでしょう。

『鬼谷子』では、心の中の「神」による判断は、自然の摂理と完全に一体となった最高の判断だと考えます。

ただし、普通の人は、周りの状況や他人の言葉など、外界の刺激に過剰に反応することで「神」が十分に働かず、うまい判断ができなくなっています。

これを日常レベルに引きつけて考えれば、『鬼谷子』の言う「神」が十分に働いている状態とは、落ち着いた気持ちで、外の状況に応じて適切に変化し、本当に自分が正しいと思っている通りに行動し、正しいと思っているような言葉を出すことができる、そんな状態のこと。

反対に、「神」が働かない状態とは、周りの状況や他人の言葉に怒ったり、情に流されたりして、冷静さと判断力を失い、自分でも正しくはないと分かっているのに、間違った行動や言動をしてしまう、そんな状態のこと。感情的になるのは、「神」の働いていない状態だからなのです。

では、そのような状態にならないためにはどのようにすればいいのか？

それが、「本経陰符七術」のテーマなのです。

徳

先述したように、人を言葉で動かすとは、「気」の戦いです。

その気を養って大きくするには、「徳がこれら（気）を大きく育てる」とあるように、「徳」を持つことが重要になります。

ここでの「徳」とは、単純な道徳のことではなく、外界・状況の変化に従って、自由自在に変化し行動できるような姿勢のことです。

これは、「徳」と反対のものをイメージすれば、掴みやすいでしょう。こだわり、頑固、意固地といったもの、これらはすべて「徳」の反対。ただし一方で、頑なに変化にこだわるのも「徳」ではない。

変わるべきときに、自然に変わることができるのが「徳」なのです。

そして、こうした「徳」のある人間と、頑なな「徳」のない人間が立ち合えば、「徳」のない人間は負ける。

変化できない頑なな人間は、どうしてもこだわりなく変化できる人間に翻弄されます。結果として、「気」が乱され、冷静さを失い、「神」も働かず、そこをつけこまれて敗北する。それが『鬼谷子』の説く「徳」のない人間の末路なのです。

ここまで、『鬼谷子』の説く心の構造、そして、相手と言葉で立ち合ったときに優勢に立つためには、「神」をしっかりと働かせ、「徳」に従って「気」を大きく育てることが重要だという教えを見てきました。

では具体的にはどのようにすればいいのか？　その方法論は？

ここでキーポイントとなるのが、「神」、「徳」と並ぶ心の働きである「志」です。

7-3
「養志」で気の勢いを高める

『鬼谷子』において、自分の「気」を動揺しないようにする方法に「養志」というものがあります。

この「養志」という術は、言葉という剣で相手と立ち合う場合、ぜひとも必要な心得。ここで、説かれているのは、自分の心の中にある「志《し》」というものを手がかりにして、「神」の働きを活発化し、「気」の勢いや威力を高める方法です。

『鬼谷子』は、「志」というものが衰えると、思慮、つまり「神」の働きも衰えると言い、それを手がかりに「志」を養う方法を説きます。

> 「養志」というものが必要なのは、心気による思慮が十分に働かないことがあるからだ。
> 欲する気持ちがあれば、そこには「志」というものがあり、欲するものにつ

いての思慮がある。「志」は欲する気持ちの使いである。欲するものが多ければ、心気は分散してしまう。心気が分散すれば「志」は衰えるだろうし、「志」が衰えれば思慮は十分に働かなくなる。

逆に言えば、心を一つに集中するようにすれば、欲する気持ちはさまよわず、欲する気持ちがさまよわなければ「志」は衰えない。「志」が衰えなければ、思慮は道理に沿って働くようになる。思慮が道理に沿って働くようになれば、心は調和し、心が調和すれば胸中の気は乱れず、煩いもなくなるのだ。

心を一つに集中するからこそ、内に「養志」でき、外に人を知ることができる。「養志」すれば、心に迷いはなくなり、人を知って、その相手になにをさせるべきかも明らかに知ることができる。(本経陰符七術　養志法霊亀《れいき》)

養志のキモは、「志」、つまり自分の意欲を一つのことに集中することです。精神的なエネルギーも身体的なエネルギーと同じく有限です。だからこそ、できるだけそれを注ぎ込むターゲットは絞ったほうが効率的ですし、端的に言ってそういう状態のほうが強いのです。

「徳」を踏まえた「志」は天下を動かす

では、「志」をなにに集中すべきか？

それは自分の心にかなったことであるのが理想であると、『鬼谷子』は言います。

「志」の気を養うには、自分の心がなにをしていればおちつくのかを観察し、それを前提に自分になにができるのかを知ることだ。（本経陰符七術　養志法霊亀）

『鬼谷子』は、自分の「志」の対象を発見する方法について、「自分が何をしていればおちつくのかを観察する（其の安んずる所を察す）」という方法を説きます。

ここには、外部からの影響によって作られた意欲より、自分の中から自然と沸き起こる内発的な意欲の方が強いという発想があります。本当に自分がやりたいこと、納得していること、本心がベースにある人間こそが強い。なぜなら本心は、ちょっとやそっとでは揺るがないからです。

この「揺るがない」ということこそ、言葉と策謀で他人と立ち合う『鬼谷子』のメンタルコントロールにおいて、きわめて重要な要素なのです。

ただし、ここで大切なのは、この「志」が「徳」を踏まえたことであること。つまり、自由な変化をともなったものであることです。したいことは自分の心に正直に一つに決めたとしても、それを現実化するには、周囲の変化に合わせて適切な手段を選ぶような柔軟な「志」であること。

蘇秦や張儀で言えば、彼らが親族などに馬鹿にされながらも弁舌一本で生きていくことを決意したのも、自分の内心が「弁舌をふるう」ことに対して心が安らぐものを感じたからでしょうし、実際に彼らの弁舌に天下を動かすほどの大きな気があったのも、その時その時の状況に合わせて、自由に変化したからなのです。

7-4 心が静まれば自ずとやるべきことが見えてくる

「養志」をし、「気」を「徳」を踏まえた「志」一つに集中すれば、意識が充実した「実意」という状態が生まれます。「実意」とは、外からの刺激に動かされず、むしろ自分から外を動かすためのベースとなる気の状態のこと。『鬼谷子』はこう言っています。

「実意」とは、心気についての考え方である。

心は、自然とおちつきを欲するし、考えるという行為は、自然と深遠であることを欲するものだ。心がおちついていれば、「神」からの最高の策が生まれてくるし、考えが深遠であれば、「謀」を作り出すことができる。「神」からの最高の策が生まれれば、「志」を他のもので乱すことはできなくなるし、「謀」ができあがれば、その成功を邪魔する「間《かん》」などできない。（本経陰符七術　実意

法螣蛇《とうだ》）

ここでまず大切なのは、「心は、自然とおちつきを欲するし、考えるという行為は、自然と深遠であることを欲するものだ（心は安静を欲し、慮は深遠を欲す）」という一文です。

つまり、余計な邪魔さえしなければ、心は自然とおちつく方向に進むし、考えというものも深くなるということ。この傾向は、万人にあるものです。

つまり、「養志」し、「神」を働かせるに当たっては、努力奮闘して意図的に自分の「志」に集中しようとするよりは、集中を妨げる外物の余計な刺激を避ける方向の考え方が求められるということです（ちなみに、こうした『鬼谷子』やそれに類する思想家たちの考え方は、系譜の延長線上として、人里を避けて隠遁し仙人になろうとする人々を生むことになります）。

「神、自得す」

もう一つ、「養志」をし「実意」が作られると強いのは、自分のなすべきことを自分で決められる自足した精神状態を作り出すことができるからです。

　思考が一つのことに定まれば、心はおちつく。心がおちつけば、行いに誤りはなくなる。「神」が自分がなにをすべきかを自分で把握できるようになるのだ。そして、把握できれば、これは自然と行動という形をとってあらわれてくる。

　自分の気のありようを知るのになにかに頼るようでは、悪しきものがあらわれても、これに頼るようになるし、他人の「謀」があれば、これに惑わされるようになるし、話す言葉も自分の本心からのものではなくなってしまう。（本経陰符七術　実意法螣蛇）

まさに「「神」が自分がなにをすべきかを自分で把握できるようになる（神、自得す）」という部分こそ、「実意」の華です。

自分自身がどういう心の持ち主なのかを把握するに当たって、他人の顔色をうかがったり、意見に左右されたりするようでは、話す相手や周りの相手の気の勢いや威力に流され、主体的な生など望むべくもないことになってしまいます。

蘇秦のエピソードに次のようなものがあります。

蘇秦が、自らの弁舌で六国の合従同盟を成立させ、その代表責任者に就任し、故郷に大名行列をなして帰ってきたときに、彼をあざ笑っていた妻や兄弟や兄嫁、親族たちは、目を伏せて彼の顔を見ることもできません。

彼が兄嫁に訳を尋ねると、兄嫁ははいつくばったまま、「おじさまが位が高く、お金持ちでいらっしゃるからです」と答えました。それを聞いた蘇秦はため息交じりに、

「私という人間に変わりはない（此れ、一人之身なり）」

と言い、富貴になれば尊敬し奉り、貧賤であればあなどるような親戚や周りの人間を嘆くのです。

これはまさに、心が「実意」にあり、「弁舌で生きていく」という自分の道を「神、自得す」という状態だった蘇秦と、相手の地位や立場が変わっただけで、気を乱され、ころころと態度を変えて生きざるを得ない「実意」なき周りの人間の違いだったのです。

7-5 気を集中させた者が勝つ

『鬼谷子』は、動揺しない「実意」の心は、他人と言葉で立ち合う中で、相手の「事」を探る「象比」や、「内符」を探る「揣情」の場面のベースだとも言います。

自分の心を操るというこの方法に信頼をおき、気を一つに集中させた状態を守り、変化しないようにする。こうした状態を作り上げておいて、他人の思考との交流を待ち、相手の心を正しく聴き、うかがうのだ。（本経陰符七術　実意法螣蛇）

ここに出てくる「他人の思考との交流（人の意慮の交会《こうかい》）」とは、会話を気の交流、あるいは気のぶつかり合いとして表現した言葉です。

こうした中で、相手の「事」や「内符」を探ろうとするには、まず「養志」をし、心が動揺しない「実意」の状態を作ることが必須であると『鬼谷子』は説いているわけです。

「実意」がなければ、前項で紹介した箇所にあるように「他人の「謀」があれば、これに惑わされる」ようになります。相手の言葉に込められた心気の勢いにつられて、相手の思考を正しく読み取れなくなるのです。

「実意」と「謀」の相互作用

さらに、『鬼谷子』は、一度作り上げた「実意」の状態も、「他人の思考との交流（人の意慮の交会）」の中で人の心をはかり、それに対応することを忘れれば、すぐに失われるものだということも説きます。

「謀」は、「事」の存亡を決するものである。相手の思考と交流をしなければ、相手の心を審《つまび》らかに聴くことはできず、これをうかがうことはできない。そうなれば、相手に応じた「謀」を立てることはできなくなり、その結果、思考は信ずるところを失い、心は虚ろとなり「実意」の状態を失う。

だからこそ、「謀」というものを考えるに、最も大切な点は「実意」を保つことにあるのであり、その「実意」は必ず、（相手に応じて変化するという）心の使い方から始めなければならないのだ。（本経陰符七術　実意法螣蛇）

見てきたように、「実意」という状態は、①自分の心が落ち着くような事柄への「志」（意欲）、②実現のための「徳」（変化）という二つの条件から生まれるものです。

そして、『鬼谷子』の説く、相手との思考の交流のなかで相手の考えをはかり、それに応じた「謀」を立てる行為とは、まさに柔軟な変化という「徳」の話。その姿勢を忘れれば「実意」が失われるのは当然のことです。

日常の場面で引き付けて言えば、聞く耳を持たない人間に限って、変化するための「徳」がないために、すぐに感情的になり衝動的になります。結果として、敵の挑発や誘惑の策に簡単にはまってしまうわけです。これでは「実意」には程遠い。

では、「実意」の人間なら、どうなるか。

「実意」の人間ならば、交渉などの場面でも相手に対して過剰に反発することなく、むしろ相手の思い通りにさせているようでいて、いつのまにか自分の思い通りの結果を手にしているでしょう。「実意」の人間は、「志」の求める事柄以外のどうでもいいことについては簡単に譲歩しますし、「志」の実現の形にもこだわらないからです。

例えば、蘇秦であれば、一旦「合従策」を己の「志」の対象とするや、つまらないメンツや意地などかなぐり捨てるでしょう。そして、周囲の人間をいかに「合従策」に同意させるのかだけに「気」を集中し、そのためには「徳」をもっていくらでも変化するのです。

そして、『鬼谷子』は、心がこうした「実意」の状態にある人間は、敵と弁舌や策謀で向かい合った時に、相手の「気」を分散させ、「謀」を失わせ、圧倒すると説きます。

これを『鬼谷子』では「散勢」と言います。

では、具体的には「散勢」とはなにを指すのでしょう？　次項でより詳しく見てみます。

7-6 「散勢」とはなにか？

『鬼谷子』とほぼ同時代の思想が反映された兵法書『孫子』には、以下のような記述があります。

相手にはっきりとした形をとらせて、こちらに形がなければ、こちらの軍勢はあつまって相手の軍勢は分散する。こちらがあつまって一になり、敵が十に分かれるのならば、これは、こちらの十で相手の一を攻めることになるのだ。つまり、こちらは多くなって敵は少なくなるということだ。（『孫子』虚実篇第六）

こうした記述は、驚くほどに『鬼谷子』の説く、言葉で人と立ち合う際の気の考え方と共通点があります。

『鬼谷子』が「志」を一つのことに集中させ、「実意」という状態で相手に臨むことを重視するのは、お互いの精神状態、気の状態において「こちらがあつまって一にな り、敵が十に分かれる」、そして「こちらの十で相手の一を攻める」という状況を作るためなのです。

そう考えれば、『鬼谷子』、とくに「本経陰符七術」などは、心と気の兵法だと言えるかもしれません。

相手の「間」をとらえ分散させる

では、『鬼谷子』において、相手を分散させるとはなにを意味するのか?

『孫子』では、相手の軍勢を分散させるためには、「相手にははっきりとした形をとらせて、こちらに形がなければ」ということを言います。

つまり、相手の攻め手や布陣などをはっきりと見極める一方で、こちらのそうしたものは見せないようにすれば、相手はこちらがなにをしてくるか分からないために、様々な備えに人員を割かれ分散してしまう、ということです。

この点についても、『鬼谷子』が同様なのは、ここまでの内容を見てくれば明らかでしょう。

『鬼谷子』は、周りから自分を隠しつつ他人を言葉で動かす「陰」の技術です。

そして、その実践の中では、相手の「事」をとらえる「象比」の術にしろ、感情の反応パターン（内符）を探る「揣情」の術にしろ、事前に相手の内心をはっきりととらえる、そして、『孫子』流に言えば「相手にはっきりとした形をとらせ」るわけです。

そして、『鬼谷子』が分散させるのは、相手の心の気です。これを「散勢」と言います。文字通り心の気の〝勢力〟を〝散〟らすという意味です。

『鬼谷子』には以下のようにあります。


「散勢」とは、「神」の働きが外に向かうということである。この方法を用いるには、必ず相手の「間」に従って動くことだ。自分の心の気の威力が静かに引き締まり、身体の内側で盛んになっていて、相手の「間」がどこにあるのかをおしはかって、ここに向かって行けば、相手の心の気の勢いは散ってしまう。

（本経陰符七術　散勢法鷙鳥《しちょう》）


相手に応じて変化しようとするなら、必ずまず「養志」し、思考を内側に潜めて、相手の「間」を見る。内面を堅固にし充実させることを知る者は、自ら

の気を養っている。自分の内面を外にゆだねてしまう者は、他人の気を養っているのだ。（本経陰符七術　分威法伏熊《ふくゆう》）

『鬼谷子』においては、相手の気を「散勢」するには、一つのステップがあります。その際のキーワードとなるのが、先の文中に繰り返し出てくる「間」というものです。

「間」は、隙間のことで、「つくはずのものが離れている」という感じの意味です。具体的には、相手の心にあるスキ、状況にあるスキなどを指します。相手の心の気に「間（隙間）」があれば、それを拡げて二つに分散させる。これが「散勢」のフィーリングなのです。

「気」の観点から『鬼谷子』をとらえなおす

では、相手を分散する「間」とはなにか？

その答えは、これまで見てきた『鬼谷子』の内容にすでにあります。

つまり、「揣摩」の術に使う「内符」、これを「気」の観点から見たのが「間」なのです。

ここで振り返れば、「内符」とは相手を言葉で動かす「摩」の術に利用する、相手を反応させるための一種のツボでした。

では、なぜ相手は「内符」をつかれると反応してしまうのか？

それは「内符」という「間」をつかれることで、心の気が「散勢」され、その結果「神」が働かなくなって感情的、働動的になり、判断力が失われるからだったのです。『鬼谷子』にも「心の勢いが衰えた者は、「神」による粛々とした物の見方ができなくなる（勢敗れる者は、神を以て粛察《しゅくさつ》せざるなり）」（本経陰符七術　散勢法鷙鳥）とある通りです。

先掲の文にも、「必ず相手の「間」に従って動くこと」、「相手の「間」がどこにあるのかをおしはかって、ここに向かって行けば」、「必ずまず「養志」し、思考を内側に潜めて、相手の「間」を見る」などとあります。

つまり、これは「揣情」をして「内符」を明らかにしたあとに、それを「摩」せよ、という「揣摩」の術の教えを、「気」の観点からとらえ直したものだったわけです。

そして、実は、本書で見てきた蘇秦や張儀の弁論もまた、相手の「間」をとらえ、そこに言葉をぶつけることで、相手の「気」を「散勢」する「心の術」だったのであり、彼らが各国の君主を説き伏せて回った遊説という行為は、まさに「気」の戦いの旅だったのです。

おわりに——なぜ『鬼谷子』だったのか

本書の出発点は、東洋には「弁論術」「話し方」について書いた古典はないのか、という疑問でした。

欧米では、それこそ前著『アリストテレス　無敵の「弁論術」』で取り上げたアリストテレスの『弁論術』という古典があります。そして、そこから始まる弁論術とレトリックの伝統もまた、断続しつつも今に至り、基本的な教養とも認識されています。

しかし、東洋ではそういう話はついぞ聞かない。

では、東洋では誰も「弁論術」「話し方」というものを主たる興味の対象とはしなかったのか、そう考えたときに思い出したのが、この『鬼谷子』だったのです。

ただし、大学院で漢文学を研究していたこともあって、たまたまこの書について名前は知っていたにせよ、実際に読んだこともなく内容については把握していませんでした。

そこで、まずはなにが書かれているのかを確かめるため、さっそく『鬼谷子』に関する本や論文を集め始めました。しかし、肝心の読みやすい体裁の適切な本文が手に入りません。それもそのはず、日本では『鬼谷子』は戦後、出版されていないのです。

そんな中、中国で二〇〇八年、これまでの学者の注を集めて付し、本文を校訂した『鬼谷子集校集注』という決定版とも言うべき本が出ていることを知り、入手してやっと読み始めたわけです。

実際に読んでみて、心理学、修辞学、社会学、そして陰陽思想の宇宙論がない交ぜになった内容に目を見張りましたが、なにより驚いたのが実際に命のやりとりがあった戦国時代らしい、ひとえに「策謀」の成功を目的としたリアルな内容と技術です。ここには、理性の高みから対話をとらえる西洋的な「弁論術」とは別種の、実際の現実を侵食していくような迫力があります。

そこで、「これは紹介する価値がある」と考え、幸運にも実現したのが本書だったわけです。

最後に、本書の出版に当たり、企画段階からお世話になった担当編集者の草思社・吉田充子さん、そしてなにより、ここまで読んでくださった読者の皆様に感謝を述べつつ、筆をおくこととします。

二〇一五年　十二月

高橋健太郎

文庫版のおわりに

拙著『鬼谷子――100％安全圏から、自分より強い者を言葉で動かす技術』（旧題）が刊行されたのは、二〇一六年のことでした。

中国思想あるいは中国文学の研究者でもなく、大学院で漢文学をかじったに過ぎない筆者が、入門書とはいえ、『鬼谷子』のようなややこしい本について一冊書くなんて、今考えればとんでもない蛮勇なのですが、当時は「なんで、こんな面白い古典が流行ってないんだろう」と考え、「少しでも流行らそう」と勝手な使命感に燃えるままに書いていたのを思い出します。

おかげさまで、この本は予想外なほどに好評をもって迎えられ、『鬼谷子』という古典の普及に少しでも貢献できたのではないかと、ひそかに誇りに思っていました。

そして、今、二〇二〇年。

名著が燦然と並ぶ草思社文庫の一冊に加えていただけるということで、ありがたい気持ちと重圧を感じながら、改めて本書を読み返してみました。今見ると、不十分な部分もあり、それについては最大限修正を加えました。筆者が現在把握できている『鬼谷子』の深みについて、なんとか反映できたのではないかと思います。

それにしても、そうした作業をしながら強く感じたのが、今という時代において『鬼谷子』の思想は、ますます重要になっているという確信です。

もう、ここまで読んでくださったみなさんならご存知の通り、『鬼谷子』では、まず相手の内心や周囲の状況といった外部の「変」を観察し、それに合わせた「謀」を立てることを重視します。変化に合わせて変化する。これが『鬼谷子』の思考法なのです。

現代は、「不確実性の時代」などといわれます。

思ってもみなかったこと、予測できなかった出来事が起こり、思わぬ悪影響や災難が振りかかる。実際問題として、筆者がこの「おわりに」を書いている現在、世界は新型コロナウイルスという、思ってもみなかった脅威の前で、大変なことになっています。

そうした中で痛切に感じるのは、このような時代においては、まず目標や計画を立て、それを実行するといった従来的な思考法では、限界があるのだということです。どうしても一貫性に足を引っ張られて、「計画がダメになるから」「今までの努力が無駄になるから」「メンツが立たないから」などという理由で、自由な発想が抑圧され、身動きがとれなくなるからです。

それよりは、『鬼谷子』の思考法でいくこと。

まずは現実に起こった出来事を「変」として直視し、それに合わせて「謀」を立て柔軟に対処する。予想外であろうが未知であろうが、それに対して変化することだけに「気」を集中するのです。こうした考え方こそ、今この時代において、個人のレベルにも社会のレベルにも、求められているのではないでしょうか？

図らずもこのタイミングで文庫になり、さらに手に取りやすくなった拙著が、もしその一助になったとすれば、これほどうれしいことはありません。

高橋健太郎

二〇二〇年三月